本书是湖南省哲学与社会科学基金项目"智造创客工匠的培养生态构建研究"（18YBG012）研究成果

智造创客型工匠培养生态构建研究

李玉民　杨翠明　著

北京理工大学出版社
BEIJING INSTITUTE OF TECHNOLOGY PRESS

版权专有　侵权必究

图书在版编目（CIP）数据

智造创客型工匠培养生态构建研究/李玉民，杨翠明著．—北京：北京理工大学出版社，2021.4
ISBN 978-7-5682-9647-2

Ⅰ.①智… Ⅱ.①李…②杨… Ⅲ.①创造教育-教学研究-高等学校 Ⅳ.①G40-012

中国版本图书馆 CIP 数据核字（2021）第 050294 号

出版发行 / 北京理工大学出版社有限责任公司
社　　址 / 北京市海淀区中关村南大街 5 号
邮　　编 / 100081
电　　话 / （010）68914775（总编室）
　　　　　（010）82562903（教材售后服务热线）
　　　　　（010）68948351（其他图书服务热线）
网　　址 / http：//www.bitpress.com.cn
经　　销 / 全国各地新华书店
印　　刷 / 三河市华骏印务包装有限公司
开　　本 / 710 毫米 × 1000 毫米　1/16
印　　张 / 10　　　　　　　　　　　　　　　　　　责任编辑 / 江　立
字　　数 / 150 十字　　　　　　　　　　　　　　　文案编辑 / 江　立
版　　次 / 2021 年 4 月第 1 版　2021 年 4 月第 1 次印刷　责任校对 / 周瑞红
定　　价 / 59.00 元　　　　　　　　　　　　　　　责任印制 / 施胜娟

图书出现印装质量问题，请拨打售后服务热线，本社负责调换

序

　　创新是一个民族进步的灵魂，是一个国家兴旺发达的不竭动力。只有提高青少年的创新能力，才能提高国家的创新能力。当今世界国与国之间的竞争，本质上是其国民创新能力的竞争。近年来，创客运动风起云涌，被视为经济转型的助推器。创客运动倡导者安德森认为："创客运动是一种具有划时代意义的新浪潮，将实现全民创造，推动新工业革命。"

　　与创客运动相伴而行的创客教育同样方兴未艾。在教育研究领域，"创客教育"是最热的词语。新媒体联盟发布的《地平线报告》将创客教育视为未来三年到五年内最为重要的教育改革方向。

　　创客正在柔软地改变着教育。大中小学都在积极建设创客空间，建设创客课程，培养创客教师，鼓励师生参与创客活动，把创客素养培养融入人才培养的全过程。在这一过程中最显著的成果是众创空间。2015—2018年，在科技部立项的3 000个国家级众创空间中，高校创办的创客空间占到了11%，这为高校进一步推进创客教育打下了坚实的基础。

　　推进创客教育是个系统工程。从学校外部看，推进创客教育涉及政府、企业、行业、学会等。从学校内部看，推进创客教育涉及课程、场地、制度、机制。从主体看，推进创客教育涉及教师、学生、家长等。因此，学校在推行创客教育改革时，不仅要考虑是否具备上述这些要素，还需要考虑如何将这些要素整合在一起，发挥"1+1>2"的优势。

　　任何事物发展到一定阶段，要想进一步持续发展与完善，就要考虑系统的生态构建。推进创客教育必须在教学模式、课程建设、竞赛体系、校内外资源整合上下功夫，必须走生态化、系统化的道路。教育生态学是一门边缘学科，是以生态学的视角来研究人才的培养。因此，可以把创客教育看成一个生态的子系统，分析影响其发展的因子，明确构建路径，从而推进创客教育持续快速发展。

　　近年来，笔者一直在潜心研究创客教育，并在学校进行了大范围的试点，在创客工匠培养生态构建上取得了突出的成果。本书在总结实践经验的基础上，发现创客教育的特点主要体现在以下三个方面：

一是前瞻性。创客教育具有时代性、先进性，是教育改革的重要方向。笔者在创客教育实践的基础上提出了创客教育生态因子分析框架和生态系统构建的模型，从而为创客教育生态系统建设提供了路径，在创客人才培养上起到了引领作用。

二是综合性。本书研究了创客课程、创客教师、创客空间、创客社团的内涵与建设方案，探索了基于设计、跨学科、创造的学习模式，构建了选题调研、知识构建、创意设计、产品制作、路演分享的学习过程模型，从而形成了一套系统的教学改革方案。

三是创新性。笔者所在的湖南机电职业技术学院将"建设创客校园，培育创客工匠"列为学校的办学目标，将创客教育融入人才培养的全过程，在创客教育生态建设上的研究与实践具有较强的创新性。

本书构建的创客教育生态建设模式是作者不断总结、反思、提炼和优化的结果。本书生态因子分析到位，生态系统构建科学。创客教育实践激发了学生的学习兴趣与创造热情，提高了学生的实践能力、产品创新设计与制作能力。本书对其他类似院校推行创客教育具有重要的借鉴意义。

笔者愿意将这本书分享给读者，并以此研究和推广有益的经验，希望和广大读者共同探索创客教育的科学规律，并能为我国职业教育事业的发展做出自己的贡献。

赵志群
北京师范大学职业与成人教育研究所所长，教授
2021 年 3 月 10 日

目　　录

第一章　概　　述 (001)
第一节　研究背景 (001)
第二节　创客教育生态基本理论 (011)
第三节　文献综述 (020)
第四节　本书主要内容和框架 (026)

第二章　创客工匠培养目标 (029)
第一节　面向21世纪的核心素养 (029)
第二节　高职教育的培养定位 (043)
第三节　培养创客工匠 (050)

第三章　国内外高校创客生态建设经验与启示 (059)
第一节　国外创客教育生态建设经验 (059)
第二节　国内高校创客教育生态建设经验 (069)
第三节　创客教育生态系统建设的启示 (079)

第四章　创客教育生态系统因子 (083)
第一节　创客课程 (084)
第二节　创客教师 (094)
第三节　创客学习 (106)
第四节　创客空间 (111)
第五节　创客文化 (119)
第六节　创客社团 (125)

第五章　创客教育生态系统的建设机制 (135)
第一节　产教融合机制 (135)
第二节　联盟共享机制 (139)
第三节　内部整合机制 (141)
第四节　创客评价机制 (143)

参考文献 (147)

第一章
概　　述

第一节　研究背景

一、时代发展生态化

1962年，美国海洋生物学家蕾切尔·卡逊（Rachel Carson）出版了《寂静的春天》（*Silent Spring*）。她在书中写道：

"现在，我们伫立在一个交叉路口，但面前的两条路并不都像罗伯特·费罗斯特那首脍炙人口的诗歌描述的那样美好——我们此前选择的这条路看似康庄，但尽头却潜藏着灾难，而另一条'少有人走'的岔路却为我们提供了保全这个地球的唯一机会。"[1]

在这部著作中，她向世人讲述了DDT（滴滴涕，一种农业杀虫剂）和其他杀虫剂对生物、人和环境的危害。在此之前，人们对DDT和其他杀虫剂造成的危害一无所知，美国的公共政策中也没有关注环境这个词。她的著作引起了强烈的回响，总统成立了一个特别委员会来调查卡逊的结论，国会召开了听证会，美国环境保护局由此成立，民间环境组织也应运而生。正是卡逊的《寂静的春天》这本书，拉开了现代环境运动的序幕[2]，为生态学的研究与发展打下了坚实的社会基础。

"Ecology"这个词来自希腊语，由"oikos"和"logos"两个词根组

---

[1] 蕾切尔·卡逊. 寂静的春天 [M]. 天津：天津人民出版社，2017.
[2] 雷毅. 深层生态学思想研究 [M]. 北京：清华大学出版社，2001.

成,前者意为"家",后者是"论述""研究"之意。从字面上来理解,生态学是"研究家庭生活"的学问。1858年,博物学家索罗(H. D. Thoreau)提出了这个词,但没有明确给出该词的具体内涵。十年后,德国生物学家海克尔(Ernest Haeckel)给出了较为明确的定义:"生态学是有机体和其环境之间相互作用的科学研究。"①

到20世纪初,生态学已成为一门初具理论体系的学科。此后,植物生态学和动物生态学迅速发展。1921年,帕克(R. E. Park)和伯吉斯(E. W. Burgess)在其所著的《社会学导论》一书中首次提出人类生态学这个概念,这标志着人们运用生态学的原理和方法研究人类社会问题的开始。1936年,英国学者比尤斯(J. W. Bews)的《人类生态学》问世,成为这一领域的开山之作。之后,关于人类生态学的著作日渐丰富,关于社会生态学和城市生态学的著作也相继问世。人口、资源、环境诸问题成为这些学科从不同角度予以关注的核心问题②。

当生态学上升为生态哲学,指引着人们认识自身与世界时,社会发展便出现了生态化的趋势。"社会的各个领域,譬如经济、政治、文化、科技等,人们认为它们的发展都必须走生态化的道路。"③

生态文明的正式提出,科学发展观的贯彻落实,生态文明战略的推行,印证了生态理念的时代价值和现实意义。以生态观点来诠释思想政治教育的理论与实践,可以说是时代发展的必然选择。生态学的诞生是人与自然关系发展到一定阶段的产物,从人类对大自然无限敬畏甚至盲目崇拜的农业文明时代,到人类可以利用先进的科学技术毫无节制地向大自然索取资源的工业文明时代,再到由于过度开发和破坏而遭到自然环境报复,进而对人与自然关系有了科学认识的生态文明时代,各种社会文明的不断演替直接催生了相应学科的建立和发展。1866年海克尔率先提出了生态学概念,经过现代环境哲学的建构和发展,生态概念的内

---

① Begon, Townsend, Harper. 生态学:从个体到生态系统 [M]. 李博, 张大勇, 王德华, 译. 北京:高等教育出版社, 2016.
② 范国睿. 美英教育生态学研究述评 [J]. 华东师范大学学报, 1995 (02).
③ 马歆静. 生态化与可持续发展:现代教育发展的必然 [J]. 教育理论与实践, 1998 (05).

涵和外延开始突破自然科学领域，走向与哲学社会科学融合的新领域，即由自然科学领域走向社会科学领域。美国生态学家奥德姆（E. P. Odum）提出："现代生态论是自然科学与社会科学的桥梁。"现代意义上的生态概念早已从原有学科的实体性描述和对对象表征描述的层面转变成具有现代哲学意蕴的思维方式和研究方法。如萨克塞所言："生态学的考察方式有了很大的进步，它克服了从个体出发的、孤立的思考方法，认识到一切有生命的物体都是某个整体中的一部分。"现代的生态学理论经过实践的升华，在本质上具有了价值观和方法论的普适性，生态学所特有的系统关联、动态平衡、协调共生等概念表现出高度的学科兼容性与内涵扩张性。"当前之所以有很多社会科学学科借鉴生态学的理论和方法来开展交叉研究，主要目的正在于借鉴生态学所蕴含的观念、思维、视角、方法、原则和价值等，且这种观念、思维、视角、方法、原则等本身具有积极的理论价值，能够体现问题分析的合理性、科学性、发展性。"[1]

当今世界的总体趋势，是走向生态文明。在过去的数百年间，西方发达国家走的是先浪费后节约、先污染后治理的现代化道路，这条道路对当今的中国来说已不再适用。当今的工业化国家，人口仅占世界的15%，但在工业化进程中却消耗了世界60%的能源资源和40%的矿产资源。我国的人口占世界的22%，如果走西方的工业化道路，是根本不可能找到足够的资源来实现工业化的。专家测算表明，如果中国也像美国当时那样实现工业化，那么即便是三个地球的资源也不够用。中国人均石油消费量如果达到美国现有水平，即使把目前可开采的全部后备石油开采出来，也只够用一年零三个月[2]。

中国虽然有960万平方公里的国土，但65%的国土面积是山地或丘陵，33%的国土面积是干旱或荒漠地区，55%的国土面积不适宜人类生产或生活。中国的资源总量虽然位居世界前列，但人均耕地、淡水、能源、矿产等主要资源均不到世界平均水平的一半。中国虽然需要快速发展经济，但现阶段，我们并不具备西方工业化国家发展初期所拥有的发

---

[1] 凌烨丽. 高校思想政治教育生态论 [D]. 南京：南京师范大学，2012.

[2] 郭强. 竭泽而渔不可行：为什么要建设生态文明 [M]. 北京：人民出版社，2008.

展环境，因为全世界都在高度关注环境问题。从中国的现实情况来看，建设生态文明，也是功在当代、利在千秋的重大战略。

胡锦涛同志在党的十七大上就提出了建设生态文明的要求。习近平同志在党的十八大上系统化、理论化地提出了建设生态文明的战略任务，并将生态文明建设纳入社会主义现代化建设"五位一体"的总体布局。党的十八大将生态文明建设确立为与经济建设、政治建设、文化建设、社会建设并行的五大重点战略之一，生态文明建设被正式纳入我国社会主义事业总体布局①。

教育依存于社会发展，应紧扣时代发展脉搏。"教育理论的发展与时代有着内在的、直接的、多方面的和多层次的关联。"② 生态危机不仅是现代工业社会的基本背景，同时，也是现代教育发展的基本背景。生态学是人类面对21世纪生态挑战的重要学科，教育生态学则是教育面对新时代教育挑战的重要武器。时代在走向生态化，教育也必将走向生态化。

二、技能培养复合化

2017年，教育部出台了《教育部关于"十三五"时期高等学校设置工作的意见》，把高等学校分为三个类别：研究型高等学校、应用型高等学校和职业技能型高等学校。职业技能型高等学校主要从事生产管理服务一线的专科层次技能型人才培养，并积极开展或参与技术服务及技能应用型改革与创新。这个分类，进一步明确了职业技能型人才培养的重要意义。

职业技能型高等学校是和社会生产最紧密相关的高等学校类别，其发展源于社会的强烈需求。经济建设与社会发展需要大批应用型技能人才，因此办好高等职业教育不仅关乎教育问题，而且关乎国民经济和民生。近年来，我国技能型人才培养成就显著，但其数量、结构和质量仍然难以满足社会多方面的需求。人力资源和社会保障部出台的《高技能

---

① 刘静. 中国特色社会主义生态文明建设研究 [D]. 北京：中共中央党校，2011.
② 叶澜. 世纪初中国教育理论发展的断想 [J]. 华东师范大学学报，2001（01）.

人才队伍建设中长期规划（2010—2020 年）》中提道：2020 年技能劳动者需求将比 2009 年增加近 3 290 万人，其中高技能人才需求将增加约 990 万人。到 2020 年，全国技能劳动者总量达到 1.4 亿人，其中高级工以上的高技能人才达到 3 900 万人，占技能劳动者的比例达到 28% 左右[①]。校企合作、工学结合的教育改革已经持续了近 20 年，但当前高技能人才的培养模式仍然过多强调理论的系统化、全面化，实训内容单一且实战性不强。毕业生就业技能比较单一，无法满足智能制造对人才复合型和创新型的要求。

2012 年，我国制造业增加值为 2.38 万亿美元，在全球制造业占比约为 20%，与美国相当，成为世界制造大国[②]。2018 年，中国工业增加值为 30 多万亿元，占全世界的份额达 28% 以上，成为驱动全球工业增长的重要引擎。在世界 500 多种主要工业产品当中，中国有 220 多种工业产品的产量位居全球第一，但中国的工业大而不强，产品质量低，创新能力不强，具有国际品牌的产品极少。从国内看，我国主要依靠资源消耗和低成本人工在推动工业向前发展，这种模式面临极大的生态风险，不可复制并难以持久。从国外看，美国在推进"再工业化"战略，积极创造条件，吸引高端制造业回流；德国在推进"工业 4.0"战略，进一步提升高端制造业的核心竞争力；越南、泰国等东南亚国家都在加紧推进工业化，通过更便宜的工资、更有吸引力的政策吸引制造业迁入。我国制造业正面临来自欧美发达国家和东南亚发展中国家"前后夹击"的双重挑战。

为了应对制造业所面临的挑战，国务院发布了《中国制造 2025》，以智能制造推动产业的升级和发展。制造设备的智能化和制造过程的智能化，将促使产业模式从大规模流水线生产转向定制化生产，产业形态从生产型制造转向服务型制造。这些转变，对人才培养提出了新的要求。首先，智能生产系统将不再需要大量简单的操作工，而是需要产品的设计者和智能生产系统的管理者，需要具备一定创新能力的人才。其次，

---

① 刘倩婧. 智能制造行业发展与人才需求变化 [J]. 教育现代化，2017（09）.
② 周济. 智能制造是"中国制造 2025"主攻方向 [J]. 企业观察家. 2019（11）.

服务型制造不仅需要具备加工技能，还需要掌握研发、设计、物流、供应、营销和售后等整个产业链条的基本知识，具备复合型素质。

三、教育改革创客化

制造业需要大量技能型人才，但制造却在失去吸引力。整整一代美国人已经把进工厂当工人从职业选择中彻底剔除，于是那些有意雇用工人的工厂发现很难找到合格的工人。曾经塑造了美国中产阶级的行业目前已处于弥留之际。在工厂中工作听上去乏味、危险且毫无前途[1]。

通过改革开放四十多年的发展，中国工厂的吸引力也在日益下降。中国的城市居民，已经进城几十年。通过几代人的努力，他们已有房、有车、有地位，成了中国的中等收入者，他们的子弟把到工厂上班视为异类，但凡有点办法，都会让子弟读高中、本科，即使国内的本科上不了，还可以送到国外就读。即使万不得已，子弟进了工厂，也会想办法在工厂找个清闲的岗位，从事管理工作。

农村子弟虽然没有城市子弟那么好的条件，但第一代农民工，即出生于20世纪60年代、70年代的中国农民，他们用自己的辛勤汗水，创造了相对丰厚的物质条件，他们在县城买了房，甚至有了车，宁愿自己再吃十年苦，也不想让自己的孩子再继续到工厂打工。第一代农民工，上有老，下有小，他们不敢歇、不讲价钱，是中国制造业真正的脊梁。

农家子弟成了"农二代大学生"，他们在大城市毕业后最想成为公务员或事业单位的工作人员，即使成不了体制内的工作人员，也会想办法从事房地产中介、市场营销等所谓的白领工作。

这个趋势，在高职院校的招生数据中体现得淋漓尽致。2008年前后，发达地区高职院校的制造类专业便很难招到学生。以浙江机电职业技术学院为例，该校是制造类中最好的高职院校之一，其机电一体化、电气自动化等专业的实力在全国首屈一指。但在该校，招生人数最多、分数最高的专业却是经济管理类专业。从2015年到2019年，湖南省高职学生

---

[1] 安德森. 创客：新工业革命 [M]. 北京：中信出版社，2012.

的人数增加了近5万人，但制造业类专业的学生却在持续下降。这种下降不仅与工厂无法吸引年轻人有关，也与工科教育比较传统和生硬有关。

中国经济的持续健康发展，必须要有数量足够、技能高超的技能人才，但如何提升技能人才的吸引力，让更多适龄青年愿意投入技能培训与学习中，是职业教育面临的紧迫问题之一。在窘境面前，创客运动为我们提供了全新的视角和思路。

创客运动起源于麻省理工学院。1968年，麻省理工学院教授西摩·佩珀特（Seymour Papert）与同事开发了LOGO语言。这个语言的特征就是让儿童通过计算机来制作自己想要的作品，由此在麻省理工学院种下了创客运动的种子。三十年后，尼尔·格申菲尔德（Neil Gershenfeld）在麻省理工学院开设了"如何制造万物"的课程。不管是文科生还是工科生，不管是有实践经验还是没有实践经验的学生，都可以借助实验室的工具，发挥自己的想象，制作自己想要的作品。学生们充分发挥自己的想象力和聪明才智，创作了很多匪夷所思的作品，极大地提升了学生的创造力和学习积极性。格申菲尔德教授认识到，与其用传统课堂给学生讲授知识，远不如给学生提供条件让学生自由创作更有价值与意义。2001年，麻省理工学院创建了全球第一个"微观装配实验室"（Fabrication Laboratory，简称Fab Lab），此后，Fab Lab 如雨后春笋般在全球生根发芽。

2005年，奥莱利媒体的联合创始人戴尔·多尔蒂（Dale Dougherty）创办了《制作》杂志。2006年《制作》杂志在美国旧金山发起了首届制汇节。从2011年开始，制汇节的足迹已遍布全球，先后在美国、加拿大、英国、日本和埃及等国家举行不同规模的聚会①。2014年6月18日，美国政府举办了首届白宫制汇节，奥巴马总统宣布将每年的6月18日定为"国家创客日"。2015年6月12日至18日，美国政府在全国范围内举行了声势更为浩大的"国家创客周"，以推动创客运动在美国向纵深方向

---

① 梁森山. 中国创客教育蓝皮书［M］. 北京：人民邮电出版社，2016.

发展①。

"创客运动"并没有十分严格的定义,从手工艺到电子产品开发,从陶器到铁器,只要是有创意,且努力把创意制作出来的人,都是创客。创客运动的主要特征有三条②:

第一,使用数字桌面工具设计新产品并制作出模型样品;

第二,在开源社区中分享设计成果、进行合作已经成为一种文化规范;

第三,如果愿意,任何人都可以通过通用设计文件标准将设计传给商业制造服务商,以任何数量和规模制造所设计的产品,也可以使用桌面工具自行制造。

创客运动的兴起,离不开互联网的支持。利用计算机设计出产品,使用开源的软硬件来实现产品的制作,都离不开互联网的支撑③。首先,互联网降低了普通人获取知识的难度,通过百度可以找到几乎所有的信息。其次,通过互联网能找到十分丰富的共享开源的资源,创客无须进行重复的劳动。再次,创客的成果的传播也极为容易,只要有适合的平台,就能将信息供需双方直接对接起来。最后,也是最关键的,通过互联网,创客无须拥有强大的制造工具,即能将自己的创意模型制造出来。

创客一词进入中国的时间比较短。2010年10月,中国第一家创客空间——上海新车间成立。创立之初,新车间只有15平方米,其功能主要是存放同事们自购的开源硬件。长三角、珠三角有中国最强大、最齐全的制造业生态链,其完善程度在世界上遥遥领先。因此,深圳、上海成了中国创客的大本营。深圳是国内创客产业链最完整的城市,被誉为"创客天堂",创客在这里可以找到齐全的电子元件,各类加工厂和技术工程人员,可以快速完成从创意到产品原型再到小批量生产的全过程。与深圳相比,上海的创客更多的是关注创新和教育,他们与美国的创客运动对接十分紧密。北京的创客兼具深圳和上海的创客精神,既关注创

---

① 清华大学创客教育实验室,《中国创客教育蓝皮书2015》,2015.
② 安德森. 创客:新工业革命 [M]. 北京:中信出版社,2014.
③ 哈奇. 创客运动 [M]. 北京:机械工业出版社,2014.

新,也注重创业①。

2015年,是中国创客运动发展史上最重要的一年。这一年的1月4日,李克强总理考察了深圳柴火创客空间。李克强总理称赞创客们的奇思妙想和丰富成果充分展示了大众创业、万众创新的活力,这种活力和创造,将会成为中国经济未来增长的不熄引擎。体验了诸多年轻创客的创意产品后,李克强总理称赞他们充分对接了市场需求,充满了无限创意。在2015年的人民代表大会上,"创客"一词首次被写入政府工作报告。2015年3月11日,国务院办公厅下发了《国务院办公厅关于发展众创空间推进大众创新创业的指导意见》的通知,要求"总结推广创客空间、创业咖啡、创新工场等新型孵化模式,为广大创新创业者提供良好的工作空间、网络空间、社交空间和资源共享空间。"2015年12月16日,国家主席习近平出席第二届世界互联网大会开幕式并发表主旨演讲。在演讲中,习近平主席首提"网络创客"一词。总之,从最初的草根探索到当前中国政府大力实施的大众创业、万众创新,创客已经开始与产业和大众相连接,创客运动已经深入到国家战略的层面②。

创客运动虽然起源于麻省理工学院,但最先大规模拥抱创客运动的是美国的中小学。STEAM教育是由美国政府提出的一种"素质教育"方案。"STEAM"是5个英文单词首字母的缩写:Science(科学)、Technology(技术)、Engineering(工程)、Art(艺术)、Mathematics(数学)。奥巴马在2009年的竞选演讲中说:"我希望我们所有人去思考创新的方法,激发年轻人从事科学和工程。无论是科学节日,还是机器人竞赛、博览会,都应鼓励年轻人去创造、构建和发明——去做事物的创建者,而不仅是事物的消费者。"美国政府在2012年年初推出了一个新项目,声称将在未来四年内在1 000所中小学引入"创客空间",配备开源硬件、3D打印机和激光切割机等数字开发和制造工具。创客教育已经成为美国推动教育改革、培养科技创新人才的重要内容。

---

① "创客运动"在中国迅猛发展所产生的积极效果[EB/OL].[2016-02-18].https://bbs.qzzn.com/thread-15260534-1-1.html.

② 清华大学创客教育实验室,《中国创客教育蓝皮书2015》,2015.

国内创客教育的浪潮，也是首先从中小学开始的。2008年温州中学几名学生成立了科技制作社；2009年教育部教育装备研究与发展中心梁森山将Arduino（一款开源电子原型平台）引进中学课堂；2013年，北京景山学校的吴俊杰发表了《创客教育：开创教育新路》一文，这是国内第一次公开出现"创客教育"一词。2015年，李克强总理访问柴火空间以后，创客教育进入了蓬勃发展期。做机器人教育、3D打印、编程的或者只要能和创客扯上边的，都改称为创客教育。

2016年2月22日，中国电子学会现代教育技术分会创客教育专家委员会经过讨论，为创客教育下了一个定义："创客教育是创客文化与教育的结合，基于学生兴趣，以项目学习的方式，使用数字化工具，倡导造物，鼓励分享，培养跨学科解决问题的能力、团队协作能力和创新能力的一种素质教育。"

中国高校的创客运动于2012年兴起，主要通过开设创客空间，举办创客大赛，成立创客俱乐部，召开高校创客教育学术研讨会等方式推动高校创客教育的发展[①]。清华大学2015年在新落成的李兆基科技大楼的西北区，用9层的区域，建设了一个1.6万平方米的创客空间"i.Center"，这个空间号称全球空间。同济大学设计创意学院的丁俊峰引进麻省理工学院的Fab Lab，创建了中国高校第一个开放创造实验室空间，空间每周六的开放夜都会举行一系列以"跨学科、开放设计、3D打印、创客创新"等为主题的跨界讨论。温州大学在校内创业园创建众创空间，开设创客学堂、创业创意大赛、创业面对面三大模块，定期开展主题沙龙、校友论坛、创业项目推荐会等活动。

---

① 黄兆信，赵国靖，洪玉管. 高校创客教育发展模式探析[J]. 高等工程教育研究，2015（04）.

第二节　创客教育生态基本理论

一、创客教育理论

1. "从做中学"教育理论

"从做中学"是美国著名教育学家约翰·杜威（John Dewey）提出的教育理论。他认为传统教学片面强调以教科书、课堂、教师为中心，严重脱离社会生活，压制了学生的个性、主动精神和能力的发展。教学中要做的事就是让学生到生活中学习，"从活动中学""从经验中学"，即将所学知识与生活实践联系起来，知行合一。

杜威的学生陶行知结合中国教育实践，把杜威的教育理论"翻了半个跟头"，创立了以"生活即教育""社会即学校""教学做合一"为中心的生活教育理论。"教学做合一"是陶行知生活教育理论的核心。他认为，先生的责任不在教，而在教学，而在教学生学；教的法子必须根据学的法子；先生不但要拿他教的法子和学生学的法子联络，并须和他自己的学问联系起来①。在陶行知的理念中，教、学、做三者不可分割，做是教与学的中心。教、学、做三者是密切相关的，教和学都是统一在做上的，做是教的中心，也是学的中心，教者和学者都要在"做"的实践中发挥其主观能动性。

无论是杜威的实用主义教育思想所主张的"从做中学"，还是陶行知的生活教育理论所倡导的"教学做合一"，都认为教育就是让学生在真实的社会情境中成长，真正的学习不仅仅是通过课堂来获取信息，更重要的是在复杂的社会中通过实践来学习。我们习以为常的以学科知识为中心和以说理灌输为主要方法的教育模式，则强调对概念、判断、推理、原则的掌握，却忽视了个体的情感、体验、领悟、想象等心理过程。孤

---

① 方明.陶行知教育名篇［M］.北京：教育科学出版社.2005.

立静止的学科理论学习常导致学生偏重于记忆抽象的图示和原理，而疏于理解所学知识与纷繁复杂且不断变化的社会现实之间的联系。创客教育能让学生在真实的项目中开展协作，发现问题，分析问题，寻找解决方案，完成作品创作，体现了动手操作和实践体验是获取知识的重要途径，这与"从做中学"和"教学做合一"的理念是一脉相承的①。

2. 情境学习理论

情境学习理论是由美国加利福尼亚大学伯克利分校的让·莱夫（Jean Lave）教授和独立研究者爱丁纳·温格（Etienne Wenger）于1990年前后提出的一种学习理论。情境学习理论有三个核心概念：一是实践共同体。它所指的是由从事实际工作的人们组成的"圈子"，而新来者将进入这个圈子并试图从中获得这个圈子中的社会文化实践。二是合法的边缘性参与。所谓合法，是指实践共同体中的各方都愿意接受新来的不够资格的人成为共同体中的一员；所谓边缘，是指学习者开始只能围绕重要的成员转，做一些外围的工作，然后随着技能的增长，才被允许做重要的工作，进入圈子的核心；所谓参与，是指在实际的工作参与中学习知识，因为知识存在于实践共同体的实践中，而不是书本中。三是学徒制。也就是采用师傅带徒弟的方法进行学习。

创客教育可以为学习者提供情境学习理论中"合法的边缘性参与"的机会。在实践共同体中，围绕真实的问题情境，在导师的指导和共同体成员的帮助下，学习者由浅入深不断地解决各种问题，其所掌握的专业知识与技能也在不断丰富，学习者沿着旁观者、参与者到成熟实践的示范者这一轨迹前进——从合法的边缘性参与者逐步成长为实践共同体中的核心成员。

3. 建造主义

20世纪60年代，西摩·佩珀特开发了LOGO程序设计语言。LOGO语言允许学习者编写命令，通过命令学习者可以像在现实生活中操作实物一样移动屏幕上的小海龟，从而培养学生分析问题、解决问题的能力。

---

① 清华大学创客教育实验室，《中国创客教育蓝皮书2015》，2015.

在此基础上，佩珀特提出了建造主义（Constructionism）。建造主义与皮亚杰的建构主义有着惊人的相似性，但还是有些差异。它们的共同点是：知识不是通过教师传授得到的，而是学习者在一定的情境即社会文化背景下，借助他人（包括教师和学习伙伴）的帮助，利用必要的学习资料，通过意义建构的方式而获得的。建造主义进一步认为知识是在师生参与设计与讨论学习制品的互动中建构的。

建造主义认为，好的教育不是如何让老师教得更好，而是如何提供充分的空间和机会让学习者构造自己的知识体系。当学习者在制作一些对自己有意义的作品时，如制作小机器、编故事、编程序或是创作歌曲时，他们正处于学习知识的最佳状态。建造主义认为知识不是简单地由教师传递给学习者，而是学习者主动的心智建构，学习者不仅是去获取创意，而且是去开发和实现自己的创意的。

在创客教育中，学习者借助于技术工具和来自导师及学习伙伴的帮助，通过动手制作来实现自己的创意，并在线上社区或线下创客空间或创客展进行展示分享。这非常符合建造主义所主张的应该让学习者主动地参与一些作品的创作，同时让他们有机会表达自己的看法并与他人分享想法，通过制作来学习的理念。

二、教育生态学基本原理

1. 限制因子定律①

1905 年，英国著名的植物生理学家勃拉克曼（F. F. Blackman）在研究环境因子对光合作用的影响时总结出了限制因子定律。任何事物的发展，都受一定条件的制约与限制，我们要找出其中的关键因子。这些关键因子决定了事物发展的性质和方向。如实践课程教学的效果受限于教师的能力、设备的台数、项目的知识承载能力、分组人数的多少。当前，最影响实践教学质量的，也许是分组的人数。如果没有足够多的工位和

---

① 裘文意. 从教育生态学若干基本原理谈学生管理工作思路［J］. 中国职业技术教育，2006（26）.

指导教师，过大的班级，反而会影响教学的质量。在这个小生态系统中，分组的人数就是限制因子。要想提高学校的办学质量，必须要有好的基础条件，要有数量充足且高水平的教师，要有好的教育理念，要有能充分调动师生积极性的政策。在这些条件中，最关键的限制因子对于每个学校来说可能有差异，但对绝大多数学校来说，教师队伍的建设才是最关键的限制因子。所以我们在安排工作时，一定要把师资队伍建设放在重中之重的位置，投入更多的精力和资金来提升教师队伍水平。

2. 耐度定律和最适度原理

1913年，美国生态学家谢尔福德（Shelford）经过大量调查后得出结论：生物对其生存环境的适应有一个最小量和最大量的界限，生物必须在两个限度范围之间才能生存。生物体的存在和成长，都必须依赖于一定的环境和生态因子，必须依赖于各种复杂的条件，其中任何一项因子的量超过生物的耐受力就会导致该生物的灭亡，即生物具有一定的耐度和最适度。人才培养过程中环境因子也有耐度和最适度。教育生态学中的"阈"是指任何一种生态因子对人的全面发展产生的可见作用的最低量，随着教育生态因子量的增加和质的变化，通常受教育者的接受能力、转化速率都或多或少地加快，直到达到最优化阶段或最适度状况。这种变化的快慢和变化程度的强弱，称为"率"[①]。在创客人才培养的过程中，要注意"阈"值和"率"的规定。对学生的要求既不能太高，也不能太低，不能超过学生预期可以承受的压力，对学生所学课程的开设也不宜太多或太少，应有一个适宜的比例。学生学习的进度也应在学生可接受的范围内。

3. "花盆效应"

花盆是一个半人工、半天然的小生态环境。它在空间上有较大的局限性，且由于人为地创造了花朵所需要的成长环境，因而很难经受大自然残酷气候的考验。"花盆效应"在教育中体现得尤为明显。学生与教师

---

① 李晓霞，牟海晶. 教育生态学视阈下高校双专业复合型人才培养研究院[J]. 日语教育与日本学研究. 2019（00）.

都在人为创造的校园中学习与生活，校园就成了典型的人为造设的有限空间，且学校的课程内容、上课方式、教学条件都经过教学化改造，比真实的生活简单百倍，学生一旦离开学校的精心呵护，就会如花朵般受到严酷气候的考验。许多脱离实际的做法，很容易使学生滋长以自我为中心的价值观、是非观、荣辱观，学生就会经不起挫折，为此我们必须建立开放型的教育生态系统，让师生走出校门，接触自然，接触那些体现时代精神风貌的环境。我们必须让学生认识自然，了解社会，懂得个人在社会这个大系统中以及人类在生物圈中应有的地位、责任和作用，使他们善于透过现象观察事物的本质并学会比较和鉴别。

4. 阿里氏原则

生物种群的疏密程度随生物的种类和环境条件的变化而变化，过疏或过密都会对生物种群起到限制作用，所以，每种生物都应有自己的最适密度。生物的群聚程度影响到群体的生态，生态学家阿里（Allee）针对此种情形提出了最适密度原则，即阿里氏原则。在教育生态中存在着四类群体，分别是正式群体、半正式群体、非正式群体与参照群体（榜样群体）。不论哪种教育群体都会有自己最适当的群聚度，不适当的密度会对教育群体的活动和效能的发挥产生不利影响。如班级人数过多或过少都会影响教学活动的开展，社团的数量和社团的规模也会影响人才培养的效果与质量。

5. 生态节律原则

自然界存在着生物节律，又称生物钟。人作为生物，也是有各种节律的。如人体在 2:00~6:00，体温最低，17:00~18:00 体温达到最高值；人在中午会感觉疲劳，需要适当休息等。教育也必须遵循这些节律。在教育过程中，可以按人的生物钟来安排适当的教育活动。如中小学一般会在上午第二节课下课后安排广播体操，这是为了让学生的脑力劳动与体力活动交替进行，以便更好地发挥人体的机能。按照教育节律的正常运转机制安排教育、教学活动会有利于教育、教学质量的提高。如果教育节律不与人的心理、生理节律相适应，就会造成生物钟混乱，教育工作将达不到预期效果。

三、全息教学论①

全息是指整体上的任何一部分或母系统中的任何一个子系统，都包含着整体或母系统的全部信息。全息现象是人类社会与自然界的普遍规律，但真正认识此规律的时间只有七十多年。1948 年物理学家伽柏（D. Gabor）发现波前记录和波前再现的两步无透镜成像现象，据此发明光学全息术，从而提出了全息（Holography）概念。

中国古代朴素唯物主义中就一直包含着全息的理念。如《周易》通过"—"（表示阳）"--"（表示阴）两种符号及其组合变化来解释宇宙的万事万物。这说明，古代先贤们认为"—"和"--"包含了宇宙万物的全部信息，是它们的整体缩影。

1970 年，山东大学张颖清副教授在对人身穴位和经络关系进行科学探究时发现穴位分布全息律和生物全息律并于 1980 年发表了论文《生物全息律》，1981 年在《自然杂志》上发表了文章《生物全息律》，1982 年出版了《生物体结构的三定律》，1989 年出版了《全息生物学》，逐步形成了全息生物学理论体系。全息论主要有三条原理，分别是：一切物质系统都是全息系统；不同的全息系统具有不同的信息结构；任何全息系统，不仅是一个全息的接收、记录、贮存系统，同时，也是一个全息的发送系统。

1. 教学过程在本质上具有全息性

从原始社会到资本主义社会，教学内容和教学过程在不断地变化。教学内容随着社会的不断发展也在不断调整，随着历史的不断发展而发展。每个时期的教学过程都包含了当时社会各方面的信息，是当时社会的一个缩影。所以说教学过程在本质上具有全息性。

教学内容也随着时代的变化而变化，社会的每个较大的发展变化都会以间接的方式映射在教学目的、要求和内容中。教学目的、要求和内容与社会发展之间具有全息相关的特征。

---

① 刘宗寅，秦荃田. 全息教学论原理［M］. 济南：山东大学出版社，2008.

2. 教学全息律

在教学过程中，课堂教学是构成整体教学的一个基本的结构单位，它们之间存在的关系是：一方面，课堂教学是为了完成整体教学任务而设立的，其教学的目的、内容、方法与手段无不体现着整体教学的目的、内容、方法与手段，一个个课堂教学持续不断地发展，便构成了整体教学；另一方面，课堂教学在某个教学时间内，又在相对独立地产生、发展与完善自己。按全息理论来说，课堂教学就是整体教学的全息元。

现代教学过程重演了教育发展的历史，而教育发展的历史又是人类认识史的再现。因此，可以说现代教学过程高速重演了人类认识自然界、人类社会及至宇宙万物的整个历史，是人类认识史的简明的整体缩影，这就是教学过程的全息重演定律。依照这一定律，学生是教学过程的主体，教材和教师只是帮助学生探寻最佳缩影途径的引路者。在教学过程中，学生要掌握人类在认识过程中所积累的所有经验，包括知识、能力、智力、意志、道德、情感等各个方面。

作为教学全息元，教学过程中的任一阶段与其他阶段或者整体教学有着如下关系：

（1）任一教学全息元中的各个教学环节都分别在整体教学或其他教学全息元中有着相应的对应环节；

（2）任一教学全息元中的任一教学环节相对于其他环节与整体教学或其他教学全息元中他所对应的教学环节特性相似度大；

（3）任一教学全息元中各教学环节的顺序与整体教学或其他教学全息元中各对应环节的顺序一致；

（4）在连续的两个教学全息元中，性质相似程度最大的两个教学环节总是相距教学时间最长，性质不同程度最大的两个教学环节总是相距教学时间最短。这些规律就是教学结构律。

3. 学生能力的全息培养

能力培养是教育或教学目的的一部分，是构成教学整体的一个全息元。它受限于教育或教学的目的，并随着教学阶段的变更而不断调整自己的性质与方向。在中小学阶段，能力培养的重点在于培养学生的观察能力、想象能力、综合分析能力、比较能力、思维能力、判断能力等基础能力。到了职业教育阶段则重点培养某一方面的专门能力。学生的基础能力要在日常教学中培养，要与知识的教学同步，利用日常知识教学进行这些能力的培养，而类比、抽象、概括、归纳等中阶能力的培养难度要大于基础能力，应在基础能力培养的基础上进行。教育教学中要精心设计载体，落实中阶能力的培养目标。迁移能力是教育的最高目标，学生在掌握现有知识与能力的同时，在碰到类似的问题或新问题时，要能根据已学的知识，通过迁移能力解决问题。迁移能力的培养，需要精心组织、循序渐进、持之以恒。

4. 全息教学法

教学法也是一个社会的缩影。现代社会中的各种教学方法，不仅影响着学校的教学目的、教学内容、教学设施、教学要求，而且也影响着教学管理人员、研究人员、教师和学生的思想风貌。全息教学法遵循"整体缩影"与"发展重演"的全息律。每堂课既要体现经济社会发展的要求，也要遵循学生的心理特征并体现专业或课程的特点。全息教学法要遵循以下基本原则：

（1）充分体现学生的主体作用；

（2）突出主要知识学习的同时，指导学生学习其他非主要知识，并形成知识结构网络；

（3）突出迁移能力培养的同时，要尽可能多地培养其他能力，形成能力的多维化结构；

（4）尽可能多地培养学生的非智力因素；

（5）帮助学生形成知识能力立体结构；

（6）创设教学环境。

全息教学法的基本结构可以分为三部分：一是发生与联结部分，相当于常规教学中复习检查和导入新课的环节；二是展开与形成部分，这是课程的主体；三是巩固与扩展部分，相当于常规教学中的巩固练习、课堂小结、布置作业等环节。

四、三螺旋理论

1. 三螺旋理论的产生

大学—产业—政府关系的三螺旋是一种创新模式。这种模式是指在创新研究中,"大学、产业、政府"在保持自己独立身份的同时,密切合作,相互作用。三螺旋创新理论和创新模型很好地解释了美国的创新水平为什么领先全世界,得到了学术界的公认。

20世纪80年代,美国纽约州立大学教授亨利·埃茨科威兹(Henry Etzkowitz)开始进行创业科学与创业型大学的研究,出版了《美国学术科学中的创业科学家与创业型大学》。他的研究范围从学校走向了企业、政府,不仅涉及大学内部组织结构的优化与调整,还涉及学校与企业、政府的关系,并由此延伸到风险资本与大学创新研究的关系。他于1994年发表了《大学与工业关系:经济发展的社会学范式》,系统总结了大学与工业关系的创新理论。

与此同时,荷兰阿姆斯特丹大学的劳伊特·雷德斯多夫(Loet Leydesdorff)也在深入研究技术是如何在各主体之间转移的问题,并于1994年发表了《技术变革的新模式:技术研究的新理论》,提出了三个亚系统相互作用的超循环模型,为三螺旋创新模型的建构奠定了重要基础。

1995年,两位教授首次共同发表了《大学、产业、政府的三螺旋关系:知识为基础的经济发展实验》,明确提出了"大学、产业、政府"相互作用的三螺旋组织结构模型。1996年两位教授又合作发表了《大学、产业、政府的三螺旋关系:超越资本主义与社会主义的发展模式》,对三螺旋作为一种创新理论的新范式进行了详细的分析与建构。这两篇文章的发表,在创新理论领域得到许多学者的赞同与支持,标志着三螺旋创新理论的正式问世[①]。

2. 三螺旋理论的内涵

三螺旋模型由大学、企业和政府三种类型的机构所构成且三者的角

---

① 李培凤. 基于三螺旋创新理论的大学发展模式变革研究 [D]. 太原:山西大学,2015.

色相互渗透，偏离自身传统角色越多的机构就越能够成为创新的主体。三螺旋模型的核心意义在于将具有不同价值体系的大学、企业和政府统一起来，通过增强三者之间的有效互动而形成的合力，来实现创新系统的不断演化和升级，从而促进经济社会的可持续发展。在一定条件下，大学可以扮演企业的角色，在创新过程中开发新产品，开拓市场，从而形成衍生企业；政府一方面通过法律保障、政策引导表现出对大学和研究机构的激励，另一方面则超出了公共管理的职能，通过直接投资、主持科技园区建设等方式向企业的角色转变，更加注重科技和资本的积累，以此来支持企业的发展；企业则开始通过开展高水平的科学研究或创新人才培训来扮演大学的角色。

三螺旋理论认为以"大学、企业、政府"为代表的三种力量在创新中通过紧密交叉与融合，带动创新系统的不断演进与提升，不刻意强调哪一方是创新的主体，大学、企业、政府三方都可以成为创新中的组织者和领导者。在创新的不同阶段其创新主体在三者之间动态变化，三条螺旋在互动融合中呈现上升的发展态势，并推动协同创新的深入开展以及经济社会的可持续发展。在这个过程中，三方各自独立起作用，但同时相互协作、相互补充，构成螺旋上升的形态，促进科技与经济社会的快速发展①。

第三节　文献综述

"制作自己想做的东西，同时在这一过程建构知识"的创客教育理念最早于1968年由麻省理工学院的西摩·佩珀特提出。但严格意义上的创客应该源于2001年由美国麻省理工学院比特与原子研究中心发起的以个人创意、设计、制造为核心理念的Fab Lab创新项目。克里斯·安德森（Chris Andersen）在2012年出版的《创客：新工业革命》预示着"创客"一词正式进入全球公众视野。在新一轮新技术与新工业革命的进程中，创客文化与创客运动被视为经济社会转型发展的重要驱动力量。国

---

① 庄涛. 资源整合视角下官产学研三螺旋关系[M]. 北京：中国社会科学出版社，2017.

家竞争力与教育改革的互动催生了创客与教育的结合,创客教育作为一种新思维、新理念,逐步影响着教育系统,并在各个教学要素之间进行重构与融合,成为当前世界各国教育改革的一个重要取向,也引发了社会各个领域尤其是学术界的极大关注。

在美国教育部创立的教育资源信息中心(ERIC)数据库和中国知网(CNKI)中国学术期刊网络出版总库中,分别以"Maker""STEM education""创客教育生态"等为检索词,以"2006—2018"为检索时间,共检索出有效文献3 837篇。当前国内外有关创客教育生态的研究主要聚焦在以下三个方面。

一、什么是创客和创客教育

随着信息技术的高速发展,"互联网+"、3D打印、开源软硬件等极大地推进了全球创客运动的发展。创客运动可以理解为"互联网+DIY":人人都可以像科学家、发明家一样,利用身边的一切资源(如软件、硬件、材料、专家、同伴等),将自己的创意变成现实,并通过互联网平台快速分享给全世界。[1] 但究竟什么是"创客",学术界并没有一个公认的定义。戴尔·多尔蒂(Dale Dougherty)认为,创客是指把具备相当技术挑战的创意变为现实的人[2];杨现民认为创客既是一群喜欢或享受创新的人,又是一种文化,一种态度,一种学习方式[3]。相对来说,学术界认可度比较高的是美国的克里斯·安德森(Chris Anderson)对创客一词所作的定义,他认为创客是不以营利为目标,在个人兴趣和爱好的驱动下把创意转变为现实的人[4]。从这个角度来看,我们每个人都是创客。如果你喜欢烹饪,你就是厨房创客;如果你喜欢种植,你就是花园创客。

---

[1] 杨现民,李冀红. 创客教育的价值潜能及其争议 [J]. 现代远程教育研究,2015(02).

[2] DALE DOUGHERTY. We are makers [EB/OL]. [2016-12-25]. http://www.ted.com/speakers/dale_ Dougherty.

[3] 杨现民,李冀红. 创客教育的价值潜能及其争议 [J]. 现代远程教育研究,2015(02).

[4] 安德森. 创客:新工业革命 [M]. 萧潇,译. 北京:中信出版社,2012.

随着创客运动的普及，创客精神越来越多地引起了教育者的思考和共鸣。对教育者来说，创客精神与学生旺盛的求知欲和"在实践中教学"的教育思想不谋而合。虽然创客教育不会直接教授学生基础知识，但在当"创客"的过程中，学生将有机会运用数学、物理、化学，甚至艺术等多门学科的知识。在创客教育中，学生不再是知识的被动接受者，而是身兼数学家、科学家、发明家等多重角色的创作主体。创客教育所倡导的提出问题并利用自己的创造力解决问题的过程，对学生能力的培养至关重要[1]。

对创客教育的定义目前有两种：一种是培养"创客"的教育，另一种是用创客理念改造教育，推进创新人才培养。本书所指的创客教育是后一种，创客教育是一种融合现代信息技术，秉承"开放创新、探究体验"的教育理念，以"创造中学"为主要学习方式，以培养各类创新型人才为目的的新型教育模式，是创客文化在教育中的体现，是"知识创造"取向的学习理论的体现[2]。

二、创客教育的生态因子

美国创客教育的实施主要依托于精心设计的创客项目，教师对学生创造过程的专业化指导，以及来自政策、资金、人力、物力等多维度的支持[3]。创客教育框架包括创客环境、创客课程、创客学习、创客文化、创客教师队伍、创客教育组织、创客教育计划等多个维度[4]。王佑镁融合创新创业的课程体系和教学活动样式，通过创客增强教学、创客融合课程、创客变革学习三个层次，依次递进形成了一种整合式的创客教育新生态框架。王旭卿在综合考虑创客教育的基本理念、教学目标、教学内容、教学策略、评价方法和学习环境六个方面的基础上，构建了面向

---

[1] 祝智庭，孙妍妍．创客教育：信息技术使能的创新教育实践场［J］．中国电化教育，2015（01）．

[2] 吴向东．创客教育：从知识传承到知识创造［J］．中小学信息技术教育，2015（07）．

[3] 郑燕林，李卢一．技术支持的基于创造的学习：美国中小学创客教育的内涵、特征与实施路径［J］．开放教育研究，2014（06）．

[4] 杨现民，李冀红．创客教育的价值潜能及其争议［J］．现代远程教育研究，2015（02）．

STEM教育的创客教育模式①。

王鹏博士认为，高校创业教育生态系统要素②由创业教育主体、客体、介体、环体四类"实体要素"及创业教育目标、政策、环境、课程、课堂等若干"功能要素"组成（见图1-1）。

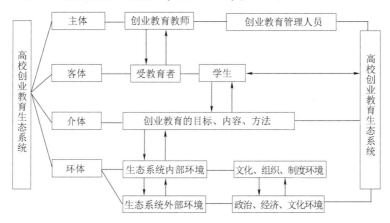

图1-1 创业教育生态要素结构图

陈静认为高校主导型创业教育生态系统③是由相互影响、相互促进、相互制约的各要素组成的统一整体。从静态的视角来看，高校主导型创业教育生态系统包括微观、中观、宏观等层次结构。微观组成要素是在系统中发挥操作实践功能，居于一线工作岗位，直面创业教育对象的直接参与和实施创业教育的人、财、物等教育要素，主要包括课程体系、师资队伍、实践平台、专项资金、硬件设施等内容。中观组成要素是该系统中通过文化环境、管理机构、创业中心等中介，对创业教育微观组成要素运行的理念、内容、方法、载体进行规划、控制、影响的创业教育要素。宏观组成要素主要有国家政策、行业企业、社会力量等内容。

成希分析了研究型大学创新创业教育生态系统构成④，构建了3个一级指标、21个观测点的生态系统（见表1-1）。

---

① 王佑镁．发现创客：新工业革命视野下的教育新生态［J］．开放教育研究，2015（05）．
② 王鹏．高校创业教育生态系统构建研究［D］．哈尔滨：哈尔滨师范大学，2019．
③ 陈静．高校主导型创业教育生态系统构建研究［D］．长春：东北师范大学，2017．
④ 成希．研究型大学创新创业教育生态系统构建研究［D］．长沙：湖南师范大学，2018．

表 1-1 研究型大学创新创业教育生态系统构成指标

类别	主要要素	观测点
教育教学	教育理念	创新创业教育定位、重视程度、推动力与影响力
	课程体系	创新创业教育课程数量、种类、有效性，教材和课程管理
	师资配备	创新创业教育师资结构、数量、学科背景，教师投入程度、培训与进修
	教学方式	创新创业教育教学方法的选择，教学方式的改革与创新
	学科平台	创新创业教育学科平台、学科地位、研究水平
	竞赛活动	创新创业竞赛、创新创业讲座、创新创业训练项目、国际化交流活动
	实践平台	创新创业实验室、创新创业实习实训基地、孵化器等
组织机制	组织模式	大学开展创新创业教育的组织架构、组织模式等
	协调机制	专门的组织机构、人员配备、利益相关者的组织协调机制
	校企合作	校企合作机制、合作方式、实效性
	成果转化	专门的科技成果转化机构、人员配备、专业性、组织运行
	校友网络	校友参与面、投入程度、协同力量等
	校地互动	大学与地方的互动机制，参与所在区域创新创业活动
	评价激励	教育部门对高校创新创业教育的评价，高校对教师和学生创新创业的评价及激励政策

续表

类别	主要要素	观测点
环境生态	人才环境	科技人力资本、引进人才政策、人才发展平台等
	法律法规	国家制定的创新创业相关的法律法规
	政策支持	政府出台政策的稳定性、实效性
	经费支持	政府对创新创业教育的经费投入，创新创业基金设立，地方财政科技投入等
	金融服务	企业融资、投资服务、投融资环境
	区域经济	区域经济基础、产业发展、研发环境
	公共服务	创新创业中介服务机构、政府建设的众创空间和创业苗圃等创新创业辅助设施

三、创客教育生态的构建

推进创客教育是一项系统工程。创客教育不仅涉及学生、教师、课程、空间等诸多学校内部因素，也涉及许多外部的资源。近年来，全国上下围绕这些因子的建设，做了大量卓有成效的工作。但如何使这些资源相互协作，发挥各自的功能，共同为培育创客工匠服务成了当下最紧迫的课题之一。

学者对学校创客教育生态系统的构成因子有许多研究，主流的观点是创客教育生态系统应由创客学生、创客教师、创客课程和创客空间四部分构建。创客教育的目标是培养有创意、创新、创业思维和能力的学生创客，这是生态系统建设的出发点和中心任务。创客教育教师是开展创客教育的关键和保证。创客课程设计和建设，是创客教育推进和可持续发展的必备条件之一。创客空间是教师、学生、课程之间的联结点，是开展创客教育的基础、载体和依托①。

创客教育注重培养学生的创新能力和创新意识，符合构建创新型国家、培养创新型人才的发展方针，其推行具有重大的战略意义。从目标来看，创客教育应被视为一种通向全人教育目标的途径。从构成要素上看，创客教育包括三个核心要素，分别是创造、创客空间和创客。从课程要素上看，创客课题的八个要素包括：课题的切身性、课题的复杂性、充足的资源、互动和合作、高强度、合理的时间安排、分享教育、新颖性。创客教育生态系统应该是以新兴科技为基础，以创客空间重构学习环境，以创造性实践活动为主要学习过程，以建构主义学习理论、基于问题的学习、项目学习法、自主学习等多种教育理念为指导的生态系统②。

创客活动是具有较高环境敏感度的社会行为，需要有结构完整、功能完善的生态系统做保障。高校作为创客教育生态系统的主体，是整个生态系统建设的核心，是资源的枢纽中心。高校要整合内部资源，推动创客教育面向所有学生。高校要建设数量足够的课程，培养一批高水平的教师，建立面向全体学生的生态系统保障体系。高校要加强校内各机构的横向联系，和政府、社会、企业等单位的外部联系，形成"内合外联"的资源共享和市场共建机制③。

第四节 本书主要内容和框架

本书主要围绕高职院校创客工匠培养的目标、培养生态的因子、培养生态建设的机制等三个主题进行研究，由五个章节组成。

第一章概述部分主要阐述本书的研究背景，并对本书涉及的相关理

---

① 许涛，刘涛，杨新，等. 校园创客教育生态系统的要素及构建研究 [J]. 远程教育杂志，2016（05）.
② 王佑镁，钱凯丽，华佳钰，等. 触摸真实的学习：迈向一种新的创客教育文化：国内外创客教育研究述评[J]. 电化教学研究，2017（02）.
③ 王占仁. 中国创新创业教育史 [M]. 北京：社会科学文献出版社，2016.

论进行梳理，进而对相关的研究成果进行总结。

第二章分析了创客工匠培养的目标。首先，分析了面向21世纪经合组织、欧盟、美国、中国对青年学生培养的核心素养要求。经合组织注重实现个人健康生活，欧盟关注终身学习，美国关注培养可迁移的学习能力，中国关注家国情怀的培养。其次，总结了中国高职院校二十年来对人才培养目标的界定的探索，分析了培养技术技能人才的时代背景。最后，把培养创客工匠作为高职院校人才培养的新探索。创客工匠就是智能制造时代新型的技术技能人才，应以"家国情怀、劳模精神、匠人技艺、创客本领"为目标来育人。

第三章梳理了国内外高校有关创客教育生态系统构建的经验与启示。首先，分析了斯坦福大学、麻省理工学院、新加坡国立大学创客教育生态系统构建的经验。其次，分析了清华大学、郑州大学、宜春学院三所各具特色的国内大学的创客教育生态系统构建的经验。最后，通过回顾与总结，从上述六所高校的经验中得到四条重要启示：构建科学的创客课程体系、打造创客型教师队伍、构建内合外联的创客教育机制、构建完整的校内创客教育推进机构。

第四章研究了高职创客工匠培养的生态系统建设的因子。本章分析研究了创客课程、创客教师、创客学习、创客社团、创客空间、创客文化的概念、重要意义和建设模式，同时还提供了六个案例来佐证这些方案的有效性。

第五章研究了创客教育生态系统的建设机制。创客教育生态系统的建设是个系统工程，需要强有力的机制来推动。本章重点研究了产教融合机制、联盟共享机制、内部整合机制、创客评价机制的建设。

第二章
创客工匠培养目标

第一节 面向21世纪的核心素养

确定人才培养目标,是人才培养工作的第一步。人才培养目标包括人才的根本特征、培养方向、培养规格、业务培养要求等内容。人才培养目标是人才培养模式中的核心要素,体现了所要培养的人才的根本特征,同时是一切教育活动的出发点和归宿,是专业设置、课程设置和制定教学制度的前提和依据,其他要素是为实现人才培养目标服务的,必须紧紧围绕着目标起作用①。

美国在推进"再工业化"战略,德国在落实"工业4.0"战略,中国在推进"智能制造2025"战略,这些战略共同的特质是智能化。在这个新时代,教育到底应该培养什么样的人?或者说,青少年应当具备什么样的素质才能够更好地适应未来社会发展的需要?这些问题成为世界各国包括国际组织在展望未来教育改革和发展时所考虑的首要问题②。

一、经济合作与发展组织核心素养框架

经济合作与发展组织(以下简称经合组织)的教育宗旨是致力于帮助每个学习者成为一个完整的人,实现他或她的潜能,并帮助形成包含

---

① 顾明远. 教育大辞典 [M]. 上海:上海教育出版社,1998.
② 石中英. 关于中国学生发展核心素养的哲学思考 [J]. 课程·教材·教法,2018 (09).

个人、社区和地球的福祉的共同愿景①。1997年，为了应对21世纪信息技术高速发展、全球化浪潮不可逆转、社会发展多样化的挑战，我国开始研究新世纪青少年应具备什么样的素养。通过六年的努力，我国发布了《素养的界定与遴选》的研究报告。在新世纪，青少年应具有"互动地使用工具、在社会异质群体中互动和自主行动"的能力，具体又包括互动地使用语言等9条关键素养②（见表2-1）。

表2-1　OECD核心素养框架

序号	素养分类	关键素养
1	互动地使用工具	互动地使用语言、符号与文本 互动地使用知识与信息 互动地使用技术
2	在社会异质群体中互动	与他人建立良好的关系 团队合作 管理与解决冲突
3	自主行动	在复杂的大环境中行动 形成并执行个人计划或生活规划 保护及维护权利、利益、限制与需求

此后的近二十年，经合组织一直在不断研究与完善这个框架。如2009年经合组织的报告中强调要加强信息技术的应用；2015年的报告中则强调要加强青少年的培训，使其达到所在国劳动力市场对技能的要求；2018年又发布了一项面向未来的研究报告《OECD学习框架2030》。这个报告的核心内容仍然是回答为了迎接未来挑战，今天的学生需要什么样的知识、技能、态度与价值观。这个框架分为"能力、核心基础、变革能力、顶期—行动—反思"等四个部分（见表2-2）。

---

① 孟鸿伟. OECD学习框架2030 [J]. 开放学习研究，2018（03）.
② 师曼，刘晟，刘霞，等. 21世纪核心素养的框架及要素研究 [J]. 华东师范大学学报（教育科学版）. 2016（03）.

表 2-2 《OECD 学习框架 2030》中的关键素养

序号	素养分类	关键素养
1	能力	知识（学科知识、跨学科知识、认知知识、程序知识） 技能（认知技能与元认知技能、社会技能与情感技能、身体技能与实践技能） 态度与价值观（个人、地方、社会、人类四个层面）
2	核心基础	认知基础（阅读、计算、数字素养、数据素养） 健康基础（身体健康与心理健康） 社会与情感基础（道德和伦理）
3	变革能力	创造新价值（创造新工作、新商业模式、新产品和新服务；提出新知识、新见解、新思路、新技术、新策略和新的解决方案） 应对压力与困境（应对压力与困境要求学生能以更加综合的方式思考和行动，能在多元化的价值、利益和需求之间寻找平衡，成为系统的思考者） 承担责任（自我调节，包括自我控制、自我效能、责任、问题解决和适应性）
4	预期—行动—反思	预期（让学生了解当下的做法会对未来产生什么影响） 行动（行动前的充分考虑和行动后的反思） 反思（元认知的使用、创造性思维和批判性立场）

注：根据臧玲玲《构建新的学习生态系统：OECD 学习框架 2030 述评与反思》整理。

《素养的界定与遴选》《OECD 学习框架 2030》两个研究报告间隔了十五年，其核心目标没有改变，那就是以实现个人成功生活为目标[①]。2018 年版保留了 2005 年版的核心关键要素，但也特别突出了未来二十年对学生素养的新期待。如报告特别关注了学生健康成长，要求学生既要身体健康，还要心理健康，要掌握健康方面的知识，更应该具备让自己

---

① 臧玲玲. 构建新的学习生态系统：OECD 学习框架 2030 述评与反思 [J]. 比较教育研究，2020（01）.

健康的行动力；特别关注了创造新价值的要求，面对人类发展的种种困境，我们所处的时间比任何时代更需要创新的精神等。

二、欧盟核心素养框架

欧盟研究核心素养框架的主要目标是提升欧盟的竞争力。欧盟期望通过培养更多高素质的人才，达到使欧盟成为"世界上最有竞争力和活力的知识经济体，实现经济可持续增长、创造更多就业机会以及提升社会凝聚力"的目标。2006年，欧盟正式发布了《欧洲终身学习核心素养建议框架》。该框架包括"母语沟通交流、外语沟通交流、数学与科学技术基本素养、数字素养、学会学习、社会与公民素养、创新与企业家精神、文化意识和表现"等八个方面的要求，并且每一素养又从知识、技能与态度三个维度进行具体描述[①]（见表2-3）。

表2-3 欧盟终身学习核心素养的结构与内容

核心素养	定义	构成		
		知识	技能	态度
母语沟通交流	使用母语进行口头或书面表达和解释的能力；在各种社会文化情境中恰当和创造性地运用母语进行交流的能力	母语的词汇、语法及语言功能等知识；了解文学语言与非文学语言以及各种语境下的不同语言形式	在各种场合运用口语和书面语进行交流；甄别和使用不同表达方式、检索和处理信息、使用词典等辅助工具、形成和表达观点	对批判性和建设性对话的积极倾向；对语言之美的欣赏与追求；与人交流的兴趣；积极和富有社会责任感地使用母语的自觉

---

① 裴新宁，刘新阳．为21世纪重建教育：欧盟"核心素养"框架的确立［J］．全球教育展望，2013（12）．

续表

核心素养	定义	构成		
		知识	技能	态度
外语沟通交流	在适当范围内的社会文化情境中理解、表达与解释的能力； 跨文化理解、交流与协调能力	外语词汇、语法及语言表达形式等知识； 社会习俗与文化方面的知识	口语会话、阅读和理解文本； 使用词典等辅助工具自学外语	欣赏文化多样性； 对语言和跨文化交流的兴趣和好奇心
数学与科学技术素养	发展和运用数学思维处理日常生活问题； 使用数学模型和数学表征的能力和意愿； 使用科学知识和方法体系解释自然界、发现问题和得出基于证据的结论的能力和意愿； 应用相关知识和方法达到目的或满足需要； 理解人类活动所带来的变化及公民个体的责任	关于数、度量和结构的扎实知识； 基本运算和数学表征； 对数学概念和原理的理解和数学问题意识； 自然科学基本原理、基本科学概念和方法、技术和技术产品及过程等基础知识； 对科学技术和自然界的影响以及科技的优势、局限和风险等的理解	应用基本的数学原理解决日常情境中的问题； 遵循和评估证据链； 进行数学推理、理解数学证明及运用数学语言和适当工具； 运用技术手段和数据达到目标或得出基于证据的决定或结论； 认识科学研究的基本特征并对其结论和推理进行交流	尊重事实真相； 愿意探寻原因和评价有效性； 有好奇心和批判精神； 对伦理问题、安全和可持续发展的关注； 对与自身、家庭、社区和全球问题相关的科学和技术议题的关注

续表

核心素养	定义	构成		
		知识	技能	态度
数字素养	在工作、生活和交往中自信和批判地使用信息技术的能力； 基本的信息技术能力，如使用计算机和互联网的能力	较好的有关信息技术本质、作用及操作等方面的知识和理解，包括文字处理、数据库、信息管理等软件的使用方法； 认识网络及电子媒介所带来的可能性和潜在风险； 理解信息技术如何支持创新； 对信息的可靠性和合法性的判断以及对相关法律和伦理问题的认知	批判和系统地检索、收集、处理和运用信息； 鉴别和评价信息； 使用软件和网络服务生成、表达和理解复杂信息； 运用信息技术支持批判性思维、创造和创新	对信息的反思和批判的态度； 负责任地使用交互性媒体； 出于文化的、社会的以及职业的目的置身网络和虚拟社区的兴趣
学会学习	求知的能力和持之以恒地学习的能力； 组织个人或团队学习的能力； 对学习过程、目标和机会的认识，解决学习困难的能力； 在已有知识基础上获取新知识的能力；	对于特定工作或职业目标，个体要知道相关能力、知识、技能和程度的要求； 对于各种情况下的学习，个体要了解自己所偏好的学习策略及其优缺点和程度，知道如何获得教育及培训机	以读写算和信息技术使用等基本技能为基础，获取和吸纳新知识； 有效管理、批判反思和评价自己的学习和工作，认识学习需要和机会，持之以恒；	终身学习的动机和信心；解决问题的积极态度；运用已有知识和生活经验在各种情境中探求新知识的好奇心和愿望

续表

核心素养	定义	构成		
		知识	技能	态度
学会学习	动机和自信	会和帮助	自律与协作；寻求建议和支持	
社会与公民素养	包括个人、人际和跨文化等方面的以有效性和建设性的方式处理多变的社会和职业生活的问题、解决冲突的能力；充分参与公民生活，认识和积极民主地参与社会和政治活动	保持身心健康的生活方式的知识；对不同社会文化环境中行为方式的认识；有关个人、组织、性别平等和非歧视及相关社会文化知识，理解多维社会经济和多元文化并认同本国文化；有关民主、正义、平等、公民身份及权利的知识；对本国、欧洲和世界历史以及现实问题和趋势的认识；对欧洲一体化和欧盟组织结构和运作、多样性及文化认同的认识	在不同社会文化环境中进行建设性地交流；包容和理解不同文化和观点；表达、处理压力和挫折；有效参与公共事务；表现自己解决当地或更广区域问题的决心和兴趣；批判性、创造性地反思和建设性地参与社区、地方、国家乃至欧盟各层次的决策活动，特别是以民意表决的方式参与这些活动	协作、自信果断和诚实正直；对社会经济活动和跨文化交流感兴趣；尊重多样性，尊重他人；和解与不持偏见；充分尊重人权；具有所在地方、国家、欧盟和欧洲乃至世界的归属感；参与各个层次的民主决策，理解和尊重共享的价值体系；建设性地参与公民活动，支持社会多样性、凝聚力和可持续发展，尊重他人的价值观和隐私权

续表

核心素养	定义	构成		
		知识	技能	态度
创新与企业家精神	个体将想法付诸实践的能力，包括创造创新能力、风险承担能力、计划和管理项目的能力；觉知环境与把握机遇的能力；开展和参与社会活动或商业活动的能力；伦理价值和善治的意识	辨识个人及职业活动机遇的知识；把握全局的知识；对雇主和组织所面临的机遇和挑战的认识；理解企业伦理观	积极主动地进行项目管理；有效地表达和谈判；独立工作和团队协作；判断和甄别自身的优缺点以及评估和承担风险	积极主动精神；个人和社会生活中的独立和创新意识；追求目标达成的动机和决心
文化意识和表现	欣赏以音乐、表演艺术、文学和视觉艺术等形式对思想、体验和情感的创造性表达	有关当地、国家和欧洲文化遗产及其世界地位的知识，包括主要文化作品的基础知识；理解欧洲及世界各地的文化和语言的多样性；对保护多样性和日常生活中美学元素重要性的认识	欣赏艺术作品和表演；依据自身天赋进行艺术表达的技能；创造性地表达和评价艺术作品；辨别和认识文化活动中所蕴藏的社会和经济机遇	对自己文化的深刻理解和良好的认同感；对文化表达多样性的尊重和开放的心态；创造；进行自我艺术表现、参与文化生活、提升审美能力的意愿

2018年，欧盟对2006年发布的《欧洲终身学习核心素养建议框架》进行修订，新框架保留了旧框架的主体架构，其相同点主要体现在以下两方面：一是核心概念一致，如数字素养、沟通能力、学会学习等内涵基本一致；二是核心素养数量一致。新旧版本均为八种核心素养（见表2-4），这些素养都是欧洲公民需要掌握的①。

表2-4 欧盟2006年和2018年核心素养框架比较

序号	2006年核心素养框架	2018年核心素养框架
1	母语沟通交流	读写素养
2	外语沟通交流	多语素养
3	数学和科学技术基本素养	数学和科学、技术、工程素养
4	数学素养	数字素养
5	学会学习	个人社会和学会学习素养
6	社会与公民素养	公民素养
7	创新与企业家精神	创新创业素养
8	文化意识和表现	文化认识和表达素养

与经合组织的核心素养框架相比，欧盟的框架更细，更具体。欧盟的框架首先是为个体终身学习服务的，其目的是让所有的年轻人通过培训与学习，对未来的升学和学习做好准备。欧盟的框架还兼顾着统一欧盟的政策，为政府、教育部、教师决策提供支持，为课程开发做好准备。相对而言，欧盟的框架更具参考价值。

---

① 常飒飒，王占仁.欧盟核心素养发展的新动向及动因：基于对《欧盟终身学习核心素养建议框架2018》的解读［J］.比较教育研究，2019（08）.

三、美国在 21 世纪发展可迁移的知识与技能

21 世纪是信息技术时代,计算机文化、知识、技能已渗入工作和生活的方方面面。人工智能的使用使大量的常规工作程序化,重复工作流程化,使具有规定流程的手动任务大幅减少,无规则的互动性任务在不断增加,由此带来了用人导向的变化,传统技能人才的需求在大幅度减少,具有学习能力、应变能力、沟通能力的人才需求大幅增加。以传授知识为主的传统课堂和教学方式已无法满足新世纪对人才的基本要求。为了响应时代对教育改革的需求,应对这一挑战,2012 年,美国国家研究委员会发布了《为了生活和工作的学习:在 21 世纪发展可迁移的知识与技能》的研究报告。研究报告指出,进入 21 世纪后,美国需要重点培养学生的认知能力、自我能力以及人际能力。这些能力领域可以进一步划分为认知过程及策略、知识、创造力、智识开放、职业道德或责任心、积极自我评价、团队协作、领导力等八个能力群[1](见表 2-5)。

表 2-5 美国 21 世纪能力领域与能力群

能力领域	能力群	在 21 世纪技能中的表述
认知能力	认知过程及策略	批判性思维、问题解决、分析;推理或论证;解读、决策、适应性学习、执行作用
	知识	信息素养;信息与交流技术(ICT)素养;口头和书面交流能力;积极的倾听能力
	创造力	创造与创新能力

---

[1] 孙妍妍,祝智庭. 以深度学习培养 21 世纪技能:美国《为了生活和工作的学习:在 21 世纪发展可迁移的知识与技能》的启示 [J]. 现代远程教育研究,2018 (03).

续表

能力领域	能力群	在 21 世纪技能中的表述
自我能力	智识开放	灵活性；适应性；艺术与文化欣赏力；个人与社会责任；对多样性、适应性、连续学习的认识；智力兴趣与好奇心
	职业道德或责任心	主动；自我方向把控；责任感；坚韧；毅力；成效性；第一类型自我管理；职业性或伦理；正直公民意识；职业发展方向
	积极自我评价	第二类自我管理（自我监控、自我评价、自我加强）；身体与心理健康
人际能力	团队协作	交流；协作或合作；团队工作；协调；人际交往能力；同理心或接受不同观点；信任；服务导向；解决冲突；协商或谈判
	领导力	引导与指挥能力；责任；自信的沟通；自我展示；对他人的社会影响

美国提出的素养框架在创新技能、数字技术和职业技能方面与经合组织的素养框架基本一致，但其更关注可持续发展能力的培养，注重知识、技能的可迁移能力培养，学生根据现阶段所学的知识，在情境变化以后，应具有举一反三的能力。可迁移能力的培养指向了教育的核心，值得我们好好借鉴。

四、中国学生发展核心素养

培养德智体美劳全面发展的社会主义建设者和接班人是中国教育发展的根本方针，这一方针如何落实到专业建设、课程开发中，需要有可操作、可量化的目标体系。2013 年，北京师范大学林崇德教授受教育部的委托，组织专家进行了"中国学生发展核心素养"的项目研究并于 2016 年发布了《中国学生发展核心素养》的研究报告。这个报告从人文底蕴、科学精神、学会学习、健康生活、责任担当、勇于创新等 6

个维度,明确了18个基本要点①(见表2-6)。这个具有中国特色的学生发展核心素养体系,有利于学校落实党的教育方针和教育目标,将"培养什么样的人"和"怎样培养人"这两个问题落实到具体的育人过程中。

表2-6 中国学生发展核心素养体系

分类	核心素养	基本要点	主要表现描述
文化基础	人文底蕴	人文积淀	具有古今中外人文领域基本知识和成果的积累; 能理解和掌握人文思想中所蕴含的认识方法和实践方法等
		人文情怀	具有以人为本的意识,尊重、维护人的尊严和价值; 能关切人的生存、发展和幸福等
		审美情趣	具有艺术知识、技能与方法的积累; 能理解和尊重文化艺术的多样性,具有发现、感知、欣赏、评价美的意识和基本能力; 具有健康的审美价值取向; 具有艺术表达和创意表现的兴趣和意识,能在生活中拓展和升华美等
	科学精神	理性思维	崇尚真知,能理解和掌握基本的科学原理和方法; 尊重事实和证据,有实证意识和严谨的求知态度; 逻辑清晰,能运用科学的思维方式认识事物、解决问题、指导行为等
		批判质疑	具有问题意识; 能独立思考、独立判断; 思维缜密,能多角度、辩证地分析问题,做出选择和决定等

① 林崇德. 中国学生核心素养研究 [J]. 心理与行为研究, 2017 (02).

续表

分类	核心素养	基本要点	主要表现描述
自主发展	学会学习	勇于探究	具有好奇心和想象力； 能不畏困难，有坚持不懈的探索精神； 能大胆尝试，积极寻求有效的问题解决方法等
		乐学善学	能正确认识和理解学习的价值，具有积极的学习态度和浓厚的学习兴趣； 能养成良好的学习习惯，掌握适合自身的学习方法； 能自主学习，具有终身学习的意识和能力等
		勤于反思	具有对自己的学习状态进行审视的意识和习惯，善于总结经验；能够根据不同情境和自身实际，选择或调整学习策略和方法等
		信息意识	能自觉、有效地获取、评估、鉴别、使用信息； 具有数字化生存能力，主动适应"互联网+"等社会信息化发展趋势； 具有网络伦理道德与信息安全意识等
	健康生活	珍爱生命	理解生命的意义和人生价值； 具有安全意识与自我保护能力； 掌握适合自身的运动方法和技能，养成健康文明的行为习惯和生活方式等
		健全人格	具有积极的心理品质，自信自爱，坚韧乐观； 有自制力，能调节和管理自己的情绪，具有抗挫折能力等
		自我管理	能正确认识与评估自我； 依据自身个性和潜质选择适合的发展方向； 合理分配和使用时间与精力； 具有达成目标的持续行动力等

续表

分类	核心素养	基本要点	主要表现描述
社会参与	责任担当	社会责任	自尊自律，文明礼貌，诚信友善，宽和待人； 孝亲敬长，有感恩之心； 热心公益和志愿服务，敬业奉献，具有团队意识和互助精神； 能主动作为，履职尽责，对自我和他人负责； 能明辨是非，具有规则与法治意识，积极履行公民义务，理性行使公民权利； 崇尚自由平等，能维护社会公平正义； 热爱并尊重自然，具有绿色生活方式和可持续发展理念及行动等
		国家认同	具有国家意识，了解国情历史，认同国民身份，能自觉捍卫国家主权、荣誉和利益； 具有文化自信，尊重中华民族的优秀文明成果，能传播和弘扬中华优秀传统文化和社会主义先进文化； 了解中国共产党的历史和光荣传统，具有热爱党、拥护党的意识和行动； 理解、接受并自觉践行社会主义核心价值观，具有中国特色社会主义共同理想，有为实现中华民族伟大复兴的中国梦而不懈奋斗的信念和行动
		国际理解	具有全球意识和开放的心态，了解人类文明进程和世界发展动态； 能尊重世界多元文化的多样性和差异性，积极参与跨文化交流； 关注人类面临的全球性挑战，理解人类命运共同体的内涵与价值等
	勇于创新	劳动意识	尊重劳动，具有积极的劳动态度和良好的劳动习惯； 具有动手操作能力，掌握一定的劳动技能； 主动参加家务劳动、生产劳动、公益活动和社会实践，具有改进和创新劳动方式、提高劳动效率的意识； 具有通过诚实合法劳动创造成功生活的意识和行动等

续表

分类	核心素养	基本要点	主要表现描述
社会参与	勇于创新	问题解决	善于发现和提出问题，有解决问题的兴趣和热情； 能依据特定情境和具体条件，选择制订合理的解决方案； 具有在复杂环境中行动的能力等
		技术应用	理解技术与人类文明的有机联系，具有学习掌握技术的兴趣和意愿； 具有工程思维，能将创意和方案转化为有形物品或对已有物品进行改进与优化等

中国和欧盟、经合组织、美国的核心素养框架相比，其共同之处在于培养学生的创新能力、信息素养、学习能力、技术水平，其不同之处在于中国的核心素养更关注对道德品质、国家认同的教育。我们的教育方针是立德树人，以德为先。在两千年的封建社会中，中国的士大夫就以"修身、齐家、治国、平天下"为己任，培养学生的"家国情怀"是教育应承担的责任。

中国的核心素养方案是指导教育改革的综合性文件，是小、中、高各级各类学校教学改革的依据。各级学校应根据学程的规律、学生的特点来制定各自的培养目标，既要考虑各自的特色，也要考虑相互之间的衔接，小、中、高各级各类学校要共同发力，构建具有中国特色的素养培养体系。

第二节　高职教育的培养定位

人才培养主要涉及四个问题：一是培养目标；二是培养内容；三是培养途径；四是培养评价。培养目标是人才培养模式的核心，所有的教育教学活动都是围绕培养目标来展开的。明确高职教育的培养定位，意义十分重大。

一、政策的期望

高职院校要培养什么样的人？我国对这个问题的认识在不断深化。对这个问题的表述经历了从"高级操作人员"到"高等技术应用性专门人才"到培养"高等技能性专门人才"再到"发展、复合和创新型的技术技能人才"的转变①。早在1991年，国务院颁布的《关于大力发展职业教育的决定》就提出要培养"高级操作人员"，这是首次提出要在高等层次的职业学校培养高层次的人才。2000年，教育部发布了《关于加强高职高专教育人才培养工作的意见》的通知，提出高职要"培养适应生产、建设、管理、服务第一线需要的，德、智、体、美等方面全面发展的高等技术应用性专门人才"。2006年，《教育部关于全面提高高等职业教育教学质量的若干意见》（教高〔2006〕16号）指出，高职教育人才培养目标是培养千百万高素质技能型专门人才。目标中首次提出了技能型专门人才的概念。2011年，《教育部关于推进高等职业教育改革创新引领职业教育科学发展的若干意见》提出，高职教育应该"服务经济发展方式转变和现代产业体系建设，培养数量足、结构合理的高端技能型专门人才"。培养目标再次升级，从技能型专门人才提升到了高端技术型人才。2012年，教育部发布的《国家教育事业发展第十二个五年规划》指出，高职教育要"重点培养产业转型升级和企业技术创新需要的发展型、复合型和创新型的技术技能人才"。2014年，《国务院关于加快发展现代职业教育的决定》（国发〔2014〕19号）要求"专科高等职业院校要密切产学研合作，培养服务区域发展的技术技能人才"。2019年是职业教育改革的重要一年，《教育部、财政部关于实施中国特色高水平高职学校和专业建设计划的意见》（教职成〔2019〕5号）再次提到了高职院校的人

---

① 贾金凤. 生态文明视域下高等职业教育人才培养目标研究［D］. 天津：天津大学，2014.

才培养目标,提到了要用复合型技术技能人才培养模式培养高素质技术技能人才。

近二十年来,数十个国家级文件提及高职院校的人才培养目标,既有相似之处也有差异。比较明确的是都是要培养高层次的技能人才。其分歧主要有两点:一是高端还是高素质;二是技能型还是技术技能型。

高端技能型人才这一概念在国家级的文件中只提及一次,即2011年《教育部关于推进高等职业教育改革创新引领职业教育科学发展的若干意见》,从此之后再无提及。北京在"2+3+3"普职贯通人才培养方案中,提到了要培养高端技能型人才,但什么是高端以及如何培养,如何评价认定高端,全国上下没有统一的认识。而高素质技能型人才则有较深入的研究与定义,有较明确的培养途径,也符合用人单位的通常认知,所以,本书高度赞同我们应该培养高素质人才。

有关人才的分类,比较公认的观点可分为两类:一类是发现和研究客观规律的学术型人才;另一类是应用客观规律为社会创造财富的应用型人才。后者又可以再分为三类:一是将设计转换成产品的工程型人才;二是将利用技术来完成任务的技术型人才;三是依靠操作技能来完成任务的技能型人才[①]。

对技术技能型的内涵的解释有两种。第一种是理论与技能交叉论。根据工作岗位所需理论知识和操作技能的比重,将应用型人才分为三类:理论重于技能的为工程师、技能重于理论的为技术工人、技能与理论相当的为技术员(见图2-1)。由于技术发展日趋复杂化和综合化,三类人员的边际日渐模糊,有相互融通的趋势。我们把理论与技能大致相当、相互交叉的技术员称为技术技能型人才[②]。

---

① 乔为. 技术技能:技术的技能还是技术与技能 [J]. 职业技术教育, 2016 (04).
② 王玲. 高技能人才与技术技能型人才的区别及培养定位 [J]. 职业技术教育, 2013 (10).

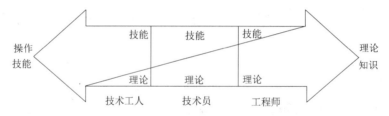

图 2-1　理论与职业理论带示意

[此图来源：王玲. 高技能人才与技术技能型人才的区别及培养定位 [J]. 职业技术教育，2013（10）.]

第二种是技术技能融合论。《辞海》对技术的解释是："泛指根据生产实践经验和自然科学原理而发展成的各种工艺操作方法与技能。"根据这个定义，技术中天然就包含技能。技能是指个体运用已有知识经验，通过练习而形成的一定的动作方式或智力活动方式①。技能定义的知识经验同样包含着技术的概念。技术是可以离开人而存在的，技能必须依附于人，从宽泛意义上来说，技能就是人掌握了某种技术。

技术与技能融合论具有坚实的理论基础。区分技术与技能的核心在于技术的分类。技术可以分为理论技术和经验技术，两者之间的界限已日渐模糊。经验技术的获得是来自个体的实践，是不能脱离个体而存在的。不能脱离个体而存在的技术常常被称为技能②。从这个意义上来讲，经验技术是可以被称为技能的。因此，理论技术与经验技术的融合就是技术与技能的融合③。

二、学生的期望

中国的教育传统是学而优则仕。在当代，不是所有的读书人都能入仕，但读书的目标，还是提高社会地位。而职业教育却迷失在阶层制和劳动力提升这两个目标中。教育行政主管部门、社会希望职业教育承担

---

① 吴红耘，皮连生. 心理学中的能力、知识和技能概念的演变及其教学含义 [J]. 课程·教材·教法，2011（11）.
② 徐国庆. 职业教育课程研究的技术学范式 [J]. 中国职业技术教育，2006（01）.
③ 乔为. 技术技能：技术的技能还是技术与技能 [J]. 职业技术教育，2016（04）.

起劳动力提升这个任务。但是学生、家长却希望通过职业教育提升社会地位。之所以如此，是因为历史的惯性和教育的传统。

进入奴隶社会以后，社会就一直存在阶级之分。这些阶级有一定的稳定性，为了实现社会的长治久安，阶级之间要有一定的正常流动的渠道。中国的科举制度就是使阶级正常流动的伟大创造。利玛窦曾盛赞中国科举制：全国均由知识阶层治理。1905年，中国废除科举制，替我们感到惋惜的是一个留居中国的英国人英格尔斯："也许是他们（指中国）所创造出来的唯一值得保留的制度。"

系统提出教育分层理论的是斯普，他认为教育系统是一个"筛选机器"。社会向人们提供了一系列等级化的社会阶层结构位置，教育制度对人们进行筛选之后把人们分别分配到高低不同的分层位置。

几千年来，学术教育与职业教育都是为不同阶级准备的。在中国古代，学习诗歌、策论，为治国做准备的科举要高人一等，是万千士大夫追求的梦想。学习一门技术，为建筑、艺术而献身的，被认为低人一等。在欧美发达国家，其观念与中国如出一辙。

早在英国维多利亚时代，人们认为自由教育是一种有声望的教育，是培养独立的自由人的教育，而职业教育则是一种次等的工具性知识的教育。在工业化时代，接受高等教育的学生更容易从事职业阶层位置较高的工作。鲍尔斯（1976）指出，在美国，工人阶级出身的学生明显被分流到职业教育轨道，在这一轨道，学生逐渐接受成为工人阶级的价值观[1]。

虽然社会阶层存在向上流动的可能，而且整个社会的自然生态是整体回归，即上一代有比较高的社会地位，总体来看下一代会有向下走的趋势；上一代有相对较低的社会地位，总体来看下一代会有向上走的趋势，整体社会呈正态分布曲线的趋势。但父母们所处的社会背景与地位，对下一代的教育选择有非常重要的决定作用。

城市中产阶级家庭的日常生活概念和使用语言对其子女进行正规教

---

[1] 严霄云. 符应理论视角：职业教育与中国新产业工人的生产[D]. 上海：上海大学，2013.

育有积极作用，与学校的文化主流相一致；而农民工、城市基层工人的家庭无论是父母还是孩子均缺乏改变自我的信心和能力，在教育的初始阶段就处于落后状态，随着教育层次的提高，差距更为明显。来自相对贫困家庭的孩子，受成长环境影响，缺乏学习学校课程所需的语言、知识、概念上的准备。因此，他们会成为学业失败者，或分流至职业教育的轨道上，或中学毕业就不再上学。被分流至职业教育的学生获得更大成功的机会明显降低。

职业教育办学条件在同层次学校中相对更差。职业教育提供的课程限制性很强，教学处于一种低智力水平，班级学风也影响着个体的成功，最终接受职业教育的学生被钉上了低能力的社会标签。

用人单位在确定应聘人员时，处于信息不对称状态，无法详细了解和考察应聘人员的学习能力、工作态度和学业水平。比较简单也相对公平的办法是用应聘人员的学历来代替详细的考察。获得更高学历的学生，往往会被认定为更聪明、更勤奋、更努力，有良好的学习习惯和学习成绩。获得职业教育文凭的，被标记为态度不端正、学习成绩差、接受能力弱。以上这些认识进一步固化了人们对职业教育在社会分层中的刻板印象。

三、社会的期待

整个社会都期待职业教育能提升技术技能水平。实际上，职业教育能够承担起提升生产力的目标。职业教育从诞生之日开始，就与一线岗位从业者有着紧密的联系。从各个国家的研究经验来看，职业教育对于一线普通劳动者来讲比较适合，进入职业教育系统的学生，如果能得到有效的教学和针对性强的课程，那么所学的知识有助于其从事相关工作并获得理想报酬，用人者也倾向于选用所学课程与工作需要相同的学生。如果进入职业学校的学生，其学习内容与质量得不到保障，再加上家庭的因素，职业教育就可能固化阶级分层。贝克尔在其著作《人力资本》(1975年出版) 中指出，教育和培训是一种对人力资本增值的投资。一个人通过教育和培训获得了生产技能，从而能增加收益，这就是教育的收益。一般来说，个人所受的教育和培训越多，收益就越大。他还指出，通过后续的职业教育，能够增加职工的人力资本存量，从而提高劳动生产率，对受培训者和提供培训的企业都有利。约翰·华肖普（John Bishop）在《高中阶段的职业培训：何时能够收益?》（1989 年发表）一文中指出，在高中阶段进行的职业教育降低了学习成绩较差学生的辍学率，增加了毕业生的工资和就业率。布劳斯菲尔德（Blossfield）在《德国双元制是现代职业培训体系的范本吗?》（1992 年发表）一文中指出，德国的双元制可以作为现代职业教育体系的范本。职业教育的培训可以让受教育者摆脱无技术的状态，成为合格的劳动力。早在 20 世纪 70 年代，发展经济学者巴洛夫（T. Balogh）就提出，职业教育比普通教育更有投资价值。这一建议得到了联合国教科文组织和世界银行的响应和支持，德国、日本等国家在职业教育领域的投资取得了丰硕的回报，进而促进了经济的快速发展。1996 年，联合国教科文组织在《教育：财富蕴藏其中》一书中指出职业教育是促进社会和谐，促进人类发展的一种有效手段。

职业教育与生产力水平高度相关。在工业化初期，只要产品生产出来，即可找到销售渠道，对工人的技术水平要求不高，企业家仅需劳动密集型生产即可获得高额的利润，对职业学校的要求仅仅是能够为自己提供大量的一般劳动力，即具备初步的读写算能力，能够服从机器生产即可。符合这样要求的工人通过其他途径也能够获取，如法规屡禁不止的使用童工的现象。

当产业升级之后，市场竞争已从卖方市场转向了买方市场，最先进的技术和正规的职业技能培训已经变得不可或缺。企业家若不能使用技术工人生产出一流的产品，就无法在竞争中生存。因此，职业教育的经济服务功能有了更高层次的体现，即真正为培养技能劳动力做出了贡献。

中国尽管在努力学习德国的双元制模式，但现阶段产业的总体情况仍处于工业化的中级阶段，职业教育仍以学校为主，培养出来的学生技能水平与企业发展的需求之间存在差距。企业招聘到学生后，仍然要进行深度的培训，为了节省成本，企业更多关注高层次人才的培养，而对一般技能工人的培训力度不够，致使一线员工的技术水平很难提升。

第三节　培养创客工匠

在立德树人的总目标下，参与职业教育的各个主体都有不同的追求与目标。学生家长希望学生通过职业教育提升阶层，解决身份难题；党和国家希望学生能爱党爱国，有较高的综合素养；企业希望学生有很高的技能水平；学生更希望教育有吸引力，能提升自身的学习能力、应变能力，让未来的生活充满希望。在这些总的目标与追求下，职业教育要做出有价值的回应与选择。

在智能化时代，用创客教育模式来回应时代对高职教育的期望，是一种有益的探索。培养创客工匠就是培养智能时代高素质技术技能人才。这个培养目标既包括社会企业对职业人才的需求，也响应了家长与学生对职业发展的期待。创客工匠的具体培养目标体现在四个方面。

一、家国情怀

"家国情怀"是中华优秀传统文化的基本内涵之一，是增强个人民族认同感、国家认同感的重要体现，是增强民族凝聚力的重要思想保证，是中华民族伟大精神的重要组成部分，是中华民族几千年历史的情操沉淀。2014年，教育部印发的《完善中华优秀传统文化教育指导纲要》（教社科〔2014〕3号）将开展以天下兴亡、匹夫有责为重点的家国情怀教育放在首要位置。2019年，习近平总书记在春节团拜会上指出："没有国家繁荣发展，就没有家庭幸福美满。同样，没有千千万万家庭幸福美满，就没有国家繁荣发展。我们要在全社会大力弘扬家国情怀，培育和践行社会主义核心价值观，弘扬爱国主义、集体主义、社会主义精神，提倡爱家爱国相统一，让每个人、每个家庭都为中华民族大家庭做出贡献"。

家国情怀内涵极其丰富，不同的时代有不同的解读。孟子曾说："天下之本在国，国之本在家，家之本在身。"（《孟子·离娄上》）在孟子看来，天下、国、家是同构的，是一体的。中国人天然地认为个体应该对家庭负责、对国家负责、对社会负责，不能只为自己活着，只为当下活着，要为未来活着。在这种家国同构的文化传承下，形成了中国独有的"家国情怀"，即个体对其所生活的家庭、家族以及国家的认同、维护，表现为情感和理智上热爱国家，自觉承担国家责任。作为中国传统文化的重要组成部分，家国情怀通过精神理念、情感认知、生活方式、国家制度等形式对中国人产生了巨大影响，融入中华民族血脉，对当今社会乃至未来社会都有深刻影响①。

在新时代，"家国情怀"是一个人对自己国家和人民所表现出来的深情大爱，是对国家富强、人民幸福所展现出来的理想追求。它是对自己国家的一种高度认同感和归属感、责任感和使命感的体现，是一种深层次的文化心理密码②。高职院校进行创客工匠培养，要在课程教学、人才培养的全程贯穿爱国主义精神、社会主义核心价值观，重点做好三个理念的培育。

1. 爱党爱国

爱国主义精神是家国情怀的重要内容。在当今社会历史条件下，个人和国家二者的根本利益存在一致性。"强国才能保家""富国才能安家"，国家、民族利益应居于首位，个人价值更应在国家价值的实现中得以体现。个人在中国现代化建设和社会生活中，应持有清醒的头脑，以积极的态度参与公共事务，将个人价值与社会目标统一，把个人命运和国家命运联结，心怀"苟利国家生死以，岂因祸福避趋之"的爱国之情，从而实现个人与社会、国家、天下的良性互动③。中国是中国共产党领导下的社会主义国家。中国共产党的历史是一部为实现民族独立、国家富强、人民幸福的奋斗史，中国共产党一经成立就肩负起领导全国人民实现中华民族伟大复兴的历史使命。每个学生，首先要接受中国共产党，拥护党的领导，拥护改革开放的各项政策，把爱国和爱党高度统一起来，把传统的家国情怀转向热爱、维护社会主义制度及其执政党的"情怀"。

---

① 张倩."家国情怀"的逻辑基础与价值内涵［J］.人文杂志，2017（06）.
② 徐文秀.多一些"家国情怀".人民日报［N］.2012-01-20.
③ 向兰.高中历史课堂"家国情怀"素养培育研究［D］.扬州：扬州大学，2019.

2. 兴国兴家

国是千万个家，家是最小国。常思国之兴衰，是每个学生、青年、公民的责任和使命。在中华民族的历史长河中，精忠报国始终是激昂的主旋律。今天，在民族复兴的伟大征程中，面对当今世界一些国家对中国的各种打压、围剿、限制、怀疑，广大青年学生要树立历史责任感和使命感，敢于担当，勇于奉献，以主人翁姿态建设好生于斯、长于斯的家园，为共和国大厦添砖加瓦，有所作为。在建设美好家园的同时，也要做好小家建设，做一个孝顺的儿女，做一个忠贞的伴侣，做一个慈爱的父母，建设好小的家庭也是中华民族伟大复兴进程中的一项不可或缺的任务。

3. 诚信友爱

诚信友爱是社会主义核心价值观的重要体现，也是青年学生要树立的核心素质。诚信是立人之本、齐家之道、交友之基、为政之法、经商之魂。诚信友爱是为人之本，是人与人交往的核心原则，对社会和谐发展具有重要价值，可以最大限度地减少社会生活中的各种内耗和摩擦。在实现社会主义社会和谐发展过程中，人与人之间的伦理关系，应是体现诚信友爱精神的相互关心、相互帮助、相互爱护的和谐关系。

二、劳模精神

在马克思的视野中，劳动是人的本质活动，是人的本质力量的逻辑展开，是打开人类社会奥秘的一把锁钥[①]。2018 年，在全国教育大会上，培养"德智体美劳全面发展的社会主义建设者和接班人"成了教育的新使命。"劳"成为育人的重要目标之一。党的十九大报告提出，要在全社会"弘扬劳模精神和工匠精神，营造劳动光荣的社会风尚和精益求精的敬业风气"。这是党的历史上第一次把"弘扬劳模精神"写进党的报告。

劳模是在中国革命、建设、改革的各个历史时期中，走在前列、勇

---

① 刘文，张以哲. 劳模精神培育与价值引领："劳模精神、劳动精神、工匠精神：价值引领与思想政治教育学术研讨会"综述 [J]. 思想理论教育，2017（05）.

挑重担、前仆后继，以实际行动铸造和诠释了"爱岗敬业、争创一流、艰苦奋斗、勇于创新，淡泊名利、甘于奉献"的劳模精神①。全国劳动模范是时代的楷模，是每个公民都要学习的榜样。树立劳动伟大，创造光荣的信念，是当代高职学生的使命与责任。青年学生加强锻造"爱岗敬业、执着专注、甘于奉献"精神更是重中之重。

1. 爱岗敬业

一份职业，一个工作岗位，是一个人赖以生存和发展的保障。同时，一个工作岗位的存在，往往也是人类社会存在和发展的需要。所以，爱岗敬业不仅是个人生存和发展的需要，也是社会存在和发展的需要。我国古代《礼记·学记》中就明确提出要"敬业乐群"。宋朝朱熹认为"敬业"就是"专心致志以事其业"，即用一种恭敬严肃的态度对待自己的工作，认真负责，一心一意，任劳任怨。敬业也是社会主义核心价值观的重要组成部分。

爱岗敬业就是指劳动者无论从事什么职业，身处何种岗位，都要干一行爱一行，热爱自己的本职工作，对自己的工作要有敬畏心，要以正确、恭敬、严肃的态度对待自己的职业，努力培养工作幸福感和荣誉感。爱岗敬业就是要勤勤恳恳、兢兢业业、忠于职守、尽职尽责。爱岗敬业是社会主义职业道德所倡导的首要规范，是对劳动者提出的最基本、最起码、最普通的道德要求，既是实现职业目标的重要内容，也是事业成功的必要因素②。

2. 执着专注

专注就是内心笃定而着眼于细节的耐心、执着、坚持的精神，是一种几十年如一日的坚持与韧性。"术业有专攻"，一旦选定行业，就要一门心思扎根下去，心无旁骛，在一个细分产品上不断积累优势，在各自领域成为"领头羊"。青年学生要树立远大的理想，任何成功的事业，都

---

① 习近平在知识分子、劳动模范、青年代表座谈会上的讲话［N］. 人民日报，2016 – 04 – 30.

② 王海亮. 当代中国劳模精神研究［D］. 哈尔滨：哈尔滨理工大学，2019.

是在目标的引领下实现的。古人云:"取法乎上,仅得其中;取法乎中,仅得其下。"在竞争面前,青年学生要敢于亮剑,青年学生要在比拼中锻炼能力,提高水平,实现超一流的目标;要树立今日事今日毕的习惯,做到"日事日清,日清日高";要有克服困难的决心与毅力,所有的成功都是在压力下实现的,轻轻松松不可能实现奋斗目标;要有付出努力的决心,"人一之我十之,人十之我百之",才有可能争创一流。

3. 甘于奉献

青年学生要树立不计回报、不讲价钱的劳动观,把为人民服务作为毕生的追求与梦想;要愿意为共产主义事业无私奉献,个人利益要服从于集体利益。青年学生应该选择最能为人类谋福利的职业,只有为千百万人的幸福而献身,事业才能永恒地发挥作用。甘于奉献是中华民族的传统美德,古代先贤把舍身为国视作自己的追求与信念。龚自珍《己亥杂诗》中的"落红不是无情物,化作春泥更护花"表现出了"牺牲小我,成就大我"的伟大牺牲与奉献精神。李商隐《无题》中的"春蚕到死丝方尽,蜡炬成灰泪始干"常用来形容教师的无私奉献精神,这些都值得青年学生好好学习。

三、匠人技艺

对匠人狭义的定义,是指执着于一种职业并掌握其基本技能的手工劳动者。随着社会大分工的不断细化和匠人精神的持续传承,匠人精神不断充实,成为各行各业的职业精神信仰。21 世纪的匠人精神范畴更广,不再局限于手工艺、制造业领域而是泛指在各行各业有着精湛的专业技术、技能、敬业、诚信、追求极致的所有劳动者[1]。

匠人精神是一种职业精神,是人们在工作和生活中追求精益求精、追求完美的精神理念,它是职业道德、职业能力、职业品质的体现,是凝结在所有人身上的一种积极的精神品质[2]。匠人精神中最核心的是追求

---

[1] 王辉,李宝军. 论匠人精神 [J]. 山东青年政治学院学报,2018 (01).
[2] 闫莉. 大学生工匠精神培育研究 [D]. 锦州:渤海大学,2019.

精益求精，即对每项工作尽职尽责，努力攻关，力争做出一流的产品和提供优质的服务。

高职院校工科专业的学生就是新时代的匠人，其工作的本质就是利用工具，做出一流的产品，在这一过程中，需要掌握精益求精的技能。

1. 安装调试

安装调试是工科学生的基本能力。学生要掌握设备的工艺编制方案，掌握识图绘图的能力，学会设备组装流程，掌握设备现场安装的规程。学生要用争创一流的工作态度，精准实现设备安装调试的各项工作。

2. 操作运行

掌握工具的操作方法，精益求精地利用工具实现产品的生产。如数控专业的学生，要掌握数控的编程方法，熟练地操作三轴、四轴、五轴等各类数控车床；要掌握电火花、线切割等辅助工具的使用；要掌握精密测试仪器的使用。这些都需要学生付出巨大的精力。只有掌握了本领域各类生产工具的使用方法，才有可能实现精益求精、争创一流的目标。

3. 维修维护

维修维护是制造领域中更高水平的能力。学生既要掌握生产工具的维护知识，也要掌握加工对象的维护知识。如数控专业的学生，要掌握自己所使用的各类数控车床、铣床的维护与保养知识，也要掌握利用数控车床加工出的对象，如泵车等工程机械的维护知识。学生要逐步实现从初级保养到中级维护，再到高级问题诊断的能力。

四、创客本领

建设创新型国家，必须要有创新型人才。只有创新才能提高高职教育的吸引力。哈奇在《创客运动》一书中总结了创客的八大潜质，分别是创造、分享、给予、学习、变革、参与、工具、支持[1]。创客是创客文化的制造者和推广者，他们从自己的兴趣出发，将各种创意转换成现实

---

[1] 哈奇. 创客运动［M］. 杨宁，译. 北京：机械工业出版社，2015.

并向社会无私分享，同时，在创新与分享的过程中收获快乐。总结起来，创客至少具备三个潜质：创意设计、用心实践和快乐分享。

国内创客工程教育的首倡者陈鹏博士系统分析了创客的核心素养。创客应具有科学素养、技术素养、工程素养、信息素养、人文素养和艺术素养等综合素养，同时，他构建了"一、二、三、四、五"的创客素养体系。其具体内涵由"自我认识与调控"一个个体领域素养，"交流沟通、团队合作"两个人际领域素养，"工程、科学与技术素养""人文社会科学与艺术素养""数字化学习与创新素养"三个基础领域素养，"科学精神、工匠精神、企业家精神、分享精神"四个意识领域素养，以及"自主学习、创造性、设计思维、批判性思维、实践智慧"五个认知领域素养共同组成①。

作为创客工匠，前文已有叙述，要培养劳模精神、精益求精的匠人技艺，也应具备"自主学习、创新实践、路演分享"等创客必备的本领。

1. 自主学习

自主学习与探索是创客应具备的首要能力。《第五项修炼》的作者彼得·圣吉有句名言：你唯一持久的优势就是比别人学得更快。自主学习是以学生作为学习的主体，通过学生独立地分析、探索、实践、质疑、创造等方法来实现学习目标。学生应把学习作为第一要义，以学习为傲，主动地创造条件去学习。学生也要在学习过程中提高学习能力，寻找学习方法。

2. 创新实践

学生要积极探索新方法、新技艺，以新颖独创的方法解决问题，突破常规思维的界限，以超常规甚至反常规的方法、视角去思考问题，提出与众不同的解决问题的方案，从而产生新颖的、独到的、有社会意义的思维成果。②学生要积极把创意落到实处，想到就要做到；要具有运用

---

① 陈鹏."创客工程教育"的概念内涵及其价值理念[J]. 现代远程教育研究，2019(03).
② 姚本先. 大学生心理健康教育[M]. 合肥：安徽大学出版社，2012.

所学的专业知识，依据实际需要，通过想象、合理规划绘制出产品图样或加工出产品实物的能力。为接近所需目标或结果，在加工设计产品、设计加工工艺的数次尝试、修改与完善过程中，每一次的修改、尝试和完善都会优于前次，一代优于一代，一代强于一代①。

3.路演分享

创造、分享、给予、学习、工具升级、乐学、参与、支持、变革是创客的九个潜质。把创造的东西和关于创造的知识分享给他人，创客可以获得一种完整的体验。不分享便无创造。绝大多数作品都是为了被肯定、被赞赏、被需要而创造，我们的本性是喜欢炫耀自己做的东西。制作过程本身能够给我们带来很多满足感，真正的回报来源于分享。我们想让别人看到我们做出来的东西。② 分享创意，分享成功的乐趣，是创客的一项职责，也是青年学生成长进步的关键技能。学生要掌握分享的方法，要有勇气在不同的场所推荐自己的方案，以赢得支持，赢得项目；要学会制作 PPT，掌握语言表达的方法，学会书面的宣传技艺；要能动员团队成员一起奋斗，分享自己的成功经验，分享自己的心得体会，实现共同成长。

---

① 李法勇，真溱，汤珊红. 迭代思维在知识服务产品化中的运用［J］. 情报理论与实践，2014（07）.
② 哈奇. 创客运动［M］. 杨宁，译. 北京：机械工业出版社，2015.

第三章
国内外高校创客生态建设经验与启示

创客教育是一项系统工程，系统内部诸要素不仅在相互联系、相互作用中形成一定结构，而且系统内外各要素也进行了物质、能量和信息的交换。为此，以生态思维审视高职院校的创客教育，构建整体、多元、融合的生态系统，应当成为我国高校创客教育发展的未来选择。创新教育、创客教育、创业教育有着各自不同的定位，但内核是培养具有创客精神的人才，本节在提到这三个词的时候，没有做严格的区分。国内外一流高校都在积极构建创客教育生态，把专业教育融入创客教育，为创客教育的发展积累了宝贵的经验，值得我们借鉴。

第一节 国外创客教育生态建设经验

一、斯坦福大学的创客教育生态建设

美国硅谷有"世界信息技术圣地"称号，临近硅谷的斯坦福大学催生了谷歌、Facebook（脸书）等巨型企业。2012年，斯坦福大学工程学院管理科学与工程系教授查尔斯·埃斯利（Charles Eesley）与商学院教授威廉·米勒（William F. Miller）出版了《影响：斯坦福大学创新创业的经济影响》[1]的研究报告。该报告显示，目前约39 900家活跃企业与斯坦福大学有千丝万缕的联系，这些企业创造了约540万个工作岗位和每

---

[1] CHARLES EESLEY, WILLAM F MILLER. Impact：Stanford University's Economic Impact via Innovation and Entrepreneurship [R]. Stanford University, 2012.

年约2.7万亿美元的收益,如果这些公司组成一个国家,该经济体将成为世界十强之一。该报告重点研究了斯坦福大学如何培养创业精神,校园环境如何提升创造力和创业精神,创客生态系统如何构建等内容。该报告显示,斯坦福大学构建了一个健全、独特的创业教育生态系统(见图3-1),这个生态系统是其形成领先创新创业教育模式的关键要素。

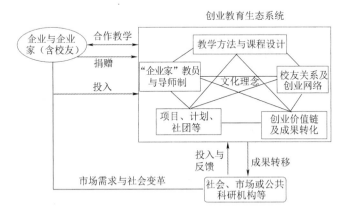

图3-1　斯坦福大学创业教育生态系统示意①

1. 教学方法与课程设计

美国的创业教育主要有三种模式。一是聚焦模式,对具有创业意愿和潜质的学生给予高度的关注和专业化、系统化的训练,其所有创业课程均由商学院和管理学院负责。二是磁石模式,这种模式是以部分院系为中心,吸引学生参与创业教育。三是辐射模式,不仅鼓励学生积极参与创业,也鼓励教师参与创业。斯坦福大学的创业教育属于磁石模式,其创业教育主要依托三个中心:设在工程学院的斯坦福创业伙伴项目中心、设在商学院的创业研究中心以及法律科技项目中心②。

斯坦福大学的创业教育课程体系一直坚持三个基本原则,即文科和理科结合,教学和科研结合,文化教育与职业教育结合。创业是一种综合素质的表现,需要深厚的基础知识,所以,在斯坦福大学的前两年,

---

① 郑刚,郭艳婷. 世界一流大学如何打造创业教育生态系统:斯坦福大学的经验与启示[J]. 比较教育研究,2014(09).

② 马健生. 创新与创业:21世纪教育的新常态[M]. 济南:山东教育出版社,2015.

学生不分专业，潜心学习专业知识，在课程设置上以综合性跨学科为主，鼓励文、理、工多学科相互渗透，也鼓励学生跨学科选修。如"商务与环境"这门课程就是商学院、工程学院、地球学院共同开设的。

目前，斯坦福大学商学院创业研究中心已经开设了 21 门创业学科领域的课程，特别热门的课程有"创业管理""创业机会评价""创业和创业投资""投资管理和创业财务""管理成长型企业""高科技企业的战略管理"等。斯坦福大学工程学院为不同层次的学生开设相应的课程。如为本科生开设了"技术创业企业的管理""高技术创业入门"等介绍性的课程；为研究生开设了"高技术创业管理""全球创业营销""技术创业"等更为深入讨论的课程；为博士生开设了创业学科领域的研讨课[①]。

将前沿理论和实践知识融入课堂是斯坦福大学创业教育的主要方法，其具体方案主要有三种。一是案例教学。斯坦福大学有足够多的成功或失败的创业案例，通过剖析这些案例来总结创业道路上应该注意和防范的风险，可以让学生充分了解创业过程的艰辛。二是项目教学。学生可以自创或参加硅谷地区的创业项目积累实践经验，也可以请校友把项目带到课堂，委托学生做一些力所能及的工作。三是讲座教学。邀请创业者、著名企业家、校友给在校学生讲授创业之道，用他们的经验来武装未来的创业者。

2. 指导教师

斯坦福大学的教师有极强的创新能力和创业精神，对产业行业的需求掌握得很清晰。为了招聘优秀教师和培养具有世界一流水平的师资力量，斯坦福大学出台了很多具有竞争力的措施。一是明确任务。刚到校的青年教师需签订为期 3 年的助理教授合同，完成预定任务，审查合格后，再经过 3 年实践才有资格晋升为副教授。二是公开招聘。岗位空缺后会面向社会公开招聘，一个副教授岗位，一般会有 50～60 个人申请。三是全球评估。教师要评教授，其业绩要经过全球一流同行的评价，得到他们的认可之后才能成功。通过 130 多年的努力，斯坦福大学已建立起

---

① 熊华军. 斯坦福大学创业教育的内涵及启示 [J]. 比较教育研究, 2011 (11).

一支实力非常雄厚的师资力量，据该校官网显示，截至 2019 年，现任教职工中有 19 位诺贝尔奖得主、1 位菲尔兹奖得主、163 位美国国家科学院院士、101 位美国国家工程院院士、287 位美国文理科学院院士、4 位普利策奖得主、18 位美国国家科学奖章得主和 29 位麦克阿瑟天才奖得主。

斯坦福大学在整体师资力量雄厚的基础上，还有一批高水平的创业教育导师。斯坦福大学积极鼓励教师创业，在近 2 000 名教师队伍中，有 25% 的教师至少有过一次创业的经历。这些教师既有丰富的理论知识和高超的教学水平，也有最直接的创业经历，让创业课程备受学生追捧。斯坦福大学还大量聘请著名的企业家来指导创业课程。如著名科技公司英特尔前任董事长安迪·格鲁夫和谷歌前任董事长埃里克·施密特经常到创业课堂进行研讨①。

3. 实践活动与社团

斯坦福大学的创业实践活动丰富多彩，主要可分为三类。一是创业竞赛活动。不同组织每年都会举行大量的创业竞赛活动，如斯坦福创业挑战赛、社会创业挑战赛和社会运动挑战赛等。斯坦福创业挑战赛创办于 1996 年，每年举办一次，奖金高达 5 万美元，其目标是培养新一代的企业家。举办方不仅会指导和评价学生的创业计划，还会为优秀的创业方案提供咨询，帮助其寻找投资人，实现项目的真正落地。斯坦福社会创业挑战赛和社会运动挑战赛，也是每年举办一次。不同的是，前者聚焦在社会创业方面，鼓励创立能够解决紧迫而重要的社会问题的公司。后者的目的是吸引校内外的文科师生在环保、健康等领域开展有建设性的实践活动。二是学术活动。斯坦福创业教育组织每年都会举行与创业相关的学术研讨会。通过多元化的讲座、研讨会等活动为学生提供良好的学习平台，学生能够接触各行各业的创业人士，拓宽视野。三是创业交流活动。讲座、研讨会、创业联谊与合作等形式的活动能够让学生体验创业，交流创业的思想、经验。

---

① 钟小彬. 美国斯坦福大学创业教育研究 [D]. 广州：华南理工大学，2013.

4. 创业教育政策

斯坦福大学通过优化机制、建设文化，为创业教育的推进打下了坚实的基础。一是制定了灵活的鼓励创业政策。斯坦福大学允许学生每周有1天时间到公司去兼职，从事经营和创新活动，允许学生有1~2年的时间休学去创办企业或工作，积累经验后再继续读书。学生可以申请多次休学，真正做到了弹性学制。二是加大对创业活动的资金支持。斯坦福大学会对具有创新性研究想法、技术已初步成型且有一定市场前景的项目给予2.5万美元左右的支持。三是设立专门的指导机构。机构会指导师生进行创业活动，帮助师生进行技术转让等。

5. 支持平台

斯坦福大学有专门的创业中心。创业中心的主要任务是为学生提供创业教育，组织学生开展创业活动。创业中心有一个智囊团，为学生创业提供咨询并帮助其与外部联系。斯坦福大学有一个关于创业的大型网站，不仅服务于校内的学生，还服务于硅谷。该网站主要提供交流机会，为创业活动进行宣传，每年承办一届创业活动周等。

6. 校友群体

美国大学高度重视校友工作，斯坦福大学专职负责校友工作的员工就高达100多人，他们把服务校友和接触更多校友当成使命。除了校级校友会之外，各院系也有自己的校友会组织。斯坦福大学的校友对母校的认可度也非常高，他们非常愿意参与到学校的创业教育体系中来。他们给予了母校大量的帮助。一是为学校捐赠大量的资金，用于资助创业学生和创业项目或设施建设；二是愿意花大量的时间来指导和引领在校学生创业；三是让斯坦福大学的在校生到自己所在的公司去参观和实践并委派专门人员对实习的学员进行指导[①]，让学生体验运作企业的感觉。

---

① 张晓玮. 美国高校职业生涯教育理念及实践：以斯坦福大学为例 [J]. 高等职业教育（天津职业大学学报）. 2019（05）.

二、麻省理工学院的创客教育生态

1861 年，美国著名的自然科学家威廉·巴顿·罗杰斯创立了麻省理工学院（以下简称 MIT）。截至 2019 年 10 月，MIT 的校友、教职工及研究人员中共产生了 96 位诺贝尔奖得主（世界第五）、8 位菲尔兹奖得主（世界第八）以及 26 位图灵奖得主（世界第二）。MIT 是当之无愧的世界一流大学。MIT 是美国最早从事创业教育的学校之一，1958 年，MIT 的工程学教授鲍曼在全美开设了第一个创业课程。

MIT 在创业教育方面取得的成就尤为突出，考夫曼基金 2009 年的报告显示：截至 2006 年，MIT 毕业生在全球创办了 33 600 家公司，这些公司为全球创造了 330 万个工作岗位。如果把这些公司看作一个独立的国家，其年销售额保守估计为 2 万亿美元，名列全球最大经济体第 11 位，而其收益则使该"国家"至少成为世界经济强国第 17 位[①]。

通过六十年的发展，MIT 已将创业活动与创业教育紧紧联系在一起，形成了由数十个项目和中心构成、充满创业氛围的创业教育生态系统。

1. 创业课程

麻省理工学院的创业教育课程主要呈现出两方面特点。一是跨学科设计。创业教育课程注重文理交叉、理工交叉，并且允许学生自由选修，不做专业限制。其目的在于加强不同学科之间的沟通交流，融合各专业优势，并激发和培养学生的创新思维和转变学习方式。二是课程与实践充分融合。MIT 会围绕学生的创业能力培养学生，将创业课程与创业活动紧密对接，实现了课堂上的理论学习与实践中的亲身体验，融会贯通。这对挖掘学生的创业潜力和培养学生的创业意识起到了至关重要的作用。

MIT 创业中心开设 35 门创业相关课程，同时每年还会进行补充与调整。这些课程大致可以分为五大类：

（1）普适的创业课程，以商业计划书为中心的一般性创业课程，如

---

① 张昊民，张艳，马君. 麻省理工学院创业教育生态系统成功要素及其启示 [J]. 创新与创业教育，2012（02）.

"企业创业""新企业""商业计划的具体细节";

（2）创业专门知识课程，重点内容为创业活动的一些专业性、知识性课程，如"创业者管理者法律知识""创业营销""如何开发突破性产品""设计和领导创业组织""创业金融"等；

（3）专业技术领域创业课程，如"软件商业""培养创新精神（通信）""能源创业""生物医药企业的战略决策制定""数字创新"等；

（4）体验性创业课程，如"创业实验""全球创业实践"等；

（5）其他类别的创业课程，如"技术销售与销售管理""社会创业""早期资本""发展型创业""创新团队"等[1]。

2. 创业教师

MIT 教师的能力与水平是世界一流的。MIT 创业教育的师资可以分为两大类。一类专职从事创业教育，不承担外部任务。另一类既从事教学科研活动，又兼职从事外部活动。MIT 有一个"五分之一"法则，鼓励教授一周内有一天的时间从事外部兼职。MIT 高度重视教授的实践能力的培养，出台了有吸引力的政策，如尽量多与产业界合作，鼓励教师在科研上多出成果。MIT 也鼓励教师亲自创业，提高教师对创业的认识，再将自身的体会与理解融入课堂教学。MIT 还聘请校外许多风投家、企业高管担任创业兼职老师，他们有丰富的管理实践经验，对创业有深刻的理解，其课程更受欢迎。1993 年，MIT 提出创业教育"双轨型教师"的理念，要求教师不仅应该具有深厚的学术背景，更应该具有独到的眼光，丰富的实践经验，能抓住研究热点，把握研究方向，为潜在创业者提供专业指导。

3. 创业活动组织

MIT 有许多创业项目和组织，归纳起来可以分为以下十三种：MIT 企业论坛、MIT 创业中心、德什潘德技术创新中心、创业辅导服务中心、莱姆尔森项目、技术专业办公室、产业联络计划、资本网络、产品开发创

---

[1] 刘林青，施冠群，陈晓霞. 麻省理工学院的创业生态系统探析［J］. 比较教育研究，2009（07）.

新中心、生物医药创新中心、数字商业中心、剑桥—麻省理工学院联合研究所、本地创新系统项目。这些组织分别承担着以下功能①：

（1）平台组建。主要承担搭建平台的关键任务。如 MIT 企业论坛在全校有 24 个分会，通过校友会把所有的创业者联系在一起。MIT 创业中心一直与企业有着广泛的联系，建立了创业教育、创业者、企业人士一体的创业教育共同体。

（2）整合资源。在创业活动中提供专业服务，并具有资源整合功能。如德什潘德技术创新中心以小额资助早期创新研究为纽带，搭建起企业与研究者之间的桥梁。

（3）创新创业。主要从事创新研究或创业实践。如生物医药创新中心、数字商业中心等，这类组织关注特定领域的产业与技术的联系，致力于创新研究和创业。

（4）组织竞赛。通过组织竞赛选拔优秀项目进行培育。如莱姆尔森项目设立了 50 万美元的单项发明奖，有效地激发了 MIT 的创新创业积极性。

（5）创业教育。如创业辅导服务中心，其主要职责是进行创业教育与辅导。

4. 学生团体

MIT 内部拥有 10 个与创业相关的学生团队，服务于创业教育，主要职能是自主开展创业实践活动。学生团队通过各种各样的竞赛活动，加强各专业学生之间的交流，激发创业兴趣，迸发思维火花，为学生团队与校友或产业界成功人士对接，为构建"学生+校友""产业界成功人士+学校"的创业网络做出了贡献。其中，最为著名的是由学生团体组织的 MIT 10 万美金创业大赛。该项赛事创办于 1990 年，主办者为 MIT 创业论坛和斯隆管理学院的新企业协会。比赛设立之初的奖金为 1 万美元，后增长到 5 万美元，再到现在的 10 万美元。比赛分三个阶段，即"电梯演讲竞赛""执行摘要竞赛"和"商业机会竞赛"。通过创业构思、团队

---

① 陈静. 高校主导型创业教育生态系统构建研究［D］. 长春：东北师范大学，2017.

组建和磨合、完善创业计划并准备进入市场三个过程来考察学生的创业实践能力。比赛由经验丰富的企业家、风险投资家和法律顾问全程评判、指导和监督。MIT 10 万美金创业大赛不仅为学生、校友以及相关人士提供了交流的平台，参赛人员还可以与成功人士接触，掌握最新的资讯，积累创业经验，找出自己的不足等。MIT 的学生活动十分讲究实效，让学生在真实的情境中体验创业的过程，从而获得最为宝贵的经验。

三、新加坡国立大学的创客教育生态系统

新加坡国立大学是首屈一指的世界级顶尖大学，创办于 1905 年。2015 年 4 月该校官网显示，该校设有 16 所学院，包括一所音乐学院；有教学人员 2 374 人，在校学生 37 972 人，其中本科生 27 975 人、研究生 9 997 人。新加坡国立大学鼓励以市场为导向的创新，积极支持师生利用科技成果创办公司企业，是典型的创业型大学。该校取得的学术成果位于亚洲前列，同时其创业教育生态系统也非常成熟，在全世界享有盛誉。

1. 创业课程

新加坡国立大学非常注重创新创业教育，在商学院、工学院以及海外学院，都开设有专门的创新创业类课程以及创新创业项目[①]。商学院从 2002 年建院开始，就把创新教育视为最重要的核心价值观，围绕创新创业开设了"领导与伦理""创业学""领导能力与决策能力""商业领袖的沟通技巧""领导力和人力资本管理""社会创业学""企业创业与商业模式评估""创业与创新""跨文化的全球商业领袖""引领亚洲"等课程。

工学院非常注重培养学生的创新能力，在不断完善传统创新创业课程的同时，引入了以设计为中心的《创新与设计计划》项目。该项目主要为有创新意愿的学习者提供了解新技术、参与解决工程问题的机会。参与者还有可能得到去企业实习的机会。

新加坡国立大学在海外设立了 12 所海外学院，这使本校学生有机会

---

① 成希. 研究型大学创新创业教育生态系统构建研究 [D]. 长沙：湖南师范大学，2018.

在世界经济最繁荣，创业氛围最浓厚的地区和企业实习，在当地优秀企业家的指导下，感受创新创业的过程，领略创客精神，学习创客知识。海外学院结合当地高校的特点，开设了非常多有特色的创业课程。如与斯坦福大学合作开设了"全球创业营销""企业家精神""创业领袖研讨会"等课程；与中国复旦大学合作，开设了"营销管理""中国市场分析""营销学基础""企业营销""新产品开发""创新与创业"等课程。

2. 创业组织

新加坡国立大学企业负责全校创业资源的整合和协调管理，其运营和指导部门主要有创业中心、企业孵化中心、海外学院等。

创业中心是学校创客教育的核心机构，主要负责创客教育和研究、组织大型创业活动、连接社区和外部创业经济系统等工作。创业中心还为工程专业和基础科学领域的学生开设技术创业相关课程，将工程教育与创新创业教育融合，弥补了理工科学生商业思维的不足，提升了学生的创造力、领导力和沟通能力，培养了学生的变革思维。

企业孵化中心是科研项目产业化的重要推手。该中心在科技成果转化中为拟孵企业提供资金支持、基金申请、咨询指导等服务，帮助初创企业渡过前期的困难阶段。企业孵化中心还打造了"创业跑道"，它集物质资源（如场地、设备等）与人力资源（如创业团队、市场客户等）于一体，进一步提升了孵化的开放性、便捷性。该中心还设有预孵化基地，用以解决创业初始阶段的各类问题，包括产品咨询服务、定位目标市场、联系合作伙伴、协助开展人才招聘等。

新加坡国立大学在硅谷、费城、上海、斯德哥尔摩、班加罗尔、北京、特拉维夫、纽约、慕尼黑等多个地区和城市建立了海外学院。这项举措将优秀的学生输送到在世界范围内具有引领性的创新创业基地去学习企业精神。参与项目的学生将赴海外创新创业企业实习，在业界资深专家的指导下学习创新创业知识，从企业管理出发锻炼领导技能，通过深入海外企业了解国外创新创业情况，总结新加坡自身创新创业环境的机遇与挑战。学校会根据学生所学专业与个人专长的不同，安排学生进入初创企业的对口部门工作，学习前沿知识和产业化方法。学生赴海外实习的目的并不是要学生毕业后马上创办企业,而是要着重培养学生的创新意识、创业精神和创业实践能力,激发他们的创新思维和创业梦想,为学生走向社会开创一番事业打下坚实的基础。

3. 创业师资

新加坡国立大学奉行人才全球化战略,成立了国际人力资源小组,招聘各国的高级人才。新加坡国立大学用优厚的待遇,高端的研究条件吸引海外人才。其师资外聘比例和博士学位授予国是外国的在教授中的比例达到90%以上。这一举措保证了教学的较高水准且能与国际接轨。新加坡国立大学高度重视教师培训与考核,成立了教师发展中心,从教学、科研、服务三个维度对所有教师进行考核,在教师招聘时规定聘期内的工作目标与任务,6年聘用期满后,如果教职员工无法达到规定要求,就会被淘汰。这些措施确保了新加坡国立大学拥有一支高水平、敬业的创业师资队伍。

第二节 国内高校创客教育生态建设经验

中国最早提出创业教育的是胡晓风①。1989年4月,胡晓风、姚文忠和金成林三位学者撰写的《创业教育简论》一文在《四川师范大学学报》发表。该文提出创业教育的概念:"创业教育是在人生历程之中进行创造和职业相结合的教育。"此后的三十年,创业教育如火如荼地在中国大地上展开。2002年,教育部在清华大学等九所院校进行了创业教育试点,2012年,教育部出台了《普通本科学校创业教育教学基本要求》(教高厅〔2012〕4号),对高等学校创业教育的教学目标、教学原则、教学内容、教学方法、教学组织等内容进行了全面规范。2015年,国务院办公厅印发《关于深化高等学校创新创业教育改革的实施意见》(国办发〔2015〕36号),进一步明确了加强创新创业教育的重要意义和深化改革

---

① 王占仁. 中国创新创业教育史[M]. 北京:社会科学文献出版社,2016.

的九项举措。经过三十多年的实践和几千所高校的探索,我们逐步构建了各具特色的创业教育生态系统①。

一、清华大学创客教育生态系统

清华大学是中国最好的高校之一,其创业教育开全国之先河。1997年,清华大学举办了中国第一届创业计划大赛。2002年,清华大学入选教育部指定的九所创业教育改革试点院校之一。清华大学以培养大学生创新人格、创新思维、创新能力为目标,以建设"创业管理""创业投资""技术创新与制造创新""知识产权管理""企业家与创新"等课程为抓手,以大学生创业计划大赛、企业管理模拟挑战赛、机械创新设计大赛、结构设计大赛、数学建模竞赛等为载体,构建"创新环"的人才培养模式,取得了丰硕的成果。2015年6月11日,由清华大学倡议的"中国高校创新创业教育联盟"成立,137所高校和50家企事业单位、社会团体成为首批成员,国务院前副总理刘延东批示:"中国高校创新创业教育联盟"的成立是汇聚社会力量、推进高校创新创业教育改革的积极探索,恰逢其时,意义重大。清华大学可以说是中国创业教育做得最好的高校之一,其创业教育生态系统值得借鉴与研究。

1. 创业课程

创新创业教育体系中最为核心的就是课程体系。课程体系作为体现学校教育理念、展现教学成果的中心枢纽,其是否有效对创新创业教育的发展起着相当关键的作用②。清华大学早在1997年就率先在管理学院为工商管理硕士(MBA)开设了"创新与创业管理"课程。通过二十多年的积淀,清华大学形成了专业教育与创业相融合的创业课程体系(见表3-1)。

---

① 宋梦梦. 我国高校创业教育生态系统发展现状的多案例研究 [D]. 天津:天津职业技术师范大学,2017.
② 夏人青,罗志敏. 论高校人才培养框架下的创业教育目标:兼论高校创业教育课程的设置 [J]. 复旦教育论坛,2010 (06).

表 3-1 清华大学创业课程体系①

设计层次	设置内容
本科生	创业管理、创业特训营、技术创新管理、优秀创业人才培养计划
研究生	创新研究、创业研究、创新方法、设计思维、创业实验室、创办新企业、创业创新领导力、创业机会识别与商业计划
MBA 创新创业方向	创业管理、创业投资管理、企业战略创新、组织创新与分析、技术驱动商业创新、全球互联时代的商业创新、知识产权、创新与公司战略
创新创业证书课程	设计思维、创新方法、从创造力到商业化

清华大学的创业课程体系，主要有两个特点。一是必修课程与选修课程相结合。根据 2015 年国务院出台的创新创业教育文件要求，清华大学为所有本科生开设创业管理课程。除此之外，根据层次的不同，还开设了若干选修课。二是创业课程与专业课程相融合。清华大学开设专门的创新创业课程，教授一定的创新创业技巧，这是创业教育必不可少的。除此以外，深化创新意识的培养，把创新创业素质的培养融入所有专业课程。

2. 创业课程师资

清华大学教师队伍整体实力很强。在创新创业教师配置方面，主要采取专兼结合的办法②。清华大学特别重视兼职创业教师的培养，将经济管理学院和商学院的相关专任教师，学校政工干部等列入兼职教师库，同时成立了专属的创业导师团。导师团成立于 2010 年，聘任了

---

① 马永斌. 创新创业教育课程生态系统的构建途径：基于清华大学创业教育的案例分析 [J]. 高等工程教育研究, 2016 (05).
② 刘峰. 中国高校创业教育发展现状与趋势研究 [D]. 长春：东北师范大学, 2016.

100多位来自企业界、教育界和公益界的专家为创业导师。例如,"创业导引"课程全部由俞敏洪等知名企业家讲授,特别受学生欢迎。清华大学还鼓励创业课程教师创业,现有创业经历的专职教师达10余位,教授理论课程的教师每年有出国交流的机会,可以把最新的理念教授给学生。

3. 创客空间

清华大学有数目众多大小不一的创客平台,其中最著名的是i. Center。i. Center号称全球最大的校园创客空间,上下共9层,建筑面积达1.6万平方米。i. Center提供了100余台各类数控车床、铣床,配备了功能齐全的3D打印机、三维扫描仪、激光雕刻机等数字化加工设备。与此同时,还提供云桌面服务,在校园局域网中将常用设计工具、计算资源、素材资源等提供给在校学生。

i. Center开设了30多门课程,服务于全校20个院系的近30个专业,每年接纳学生近2 600人。该中心承办了SRT(学生研究训练)项目、机械创新设计大赛、电子设计大赛、大学生工程训练综合能力竞赛、硬件设计大赛、虚拟仪器大赛、电机系新生大赛、微控器创新设计大赛、ATMEL全国微控器创新设计大赛等,每年为7 500人次提供创新创业教育服务。

i. Center的工程教育非常有特色。每个学生必须设计制作一柄锤子。这个过程可以让学生掌握车工所涉及的所有制造技术。i. Center的理念是将创客精神融入教学活动,致力于让学生做梦想的实现者,希望从这里走出的每个学生都是创客。

i. Center除了承担教学任务,还提供部分空间用于创业孵化。在这里创业最大的好处是,拥有便利的办公条件,以及良好的创新创业氛围。清华大学有刻苦钻研的基因,师生每天工作到晚上九十点是常事。如果出现了技术问题,有很多"大牛"可以随时请教。

i. Center的资源是开放式管理的。只要是清华大学的学生,不管是本科、硕士、博士,都可以使用工厂的场地、设备,并由值班教师提供指导。学生可以自主地使用设备加工自己的创意产品,可能只是一张自己才能看懂的示意图,而不一定需要精确的图纸①。

4. 支持机构

2000 年,清华大学成立了中国创业研究中心。中心以清华大学经济管理学院为依托,目标是开设具有国际水平的 MBA 创业课程,全面培养学生的创业和投资管理能力。

2013 年,清华大学成立了 x-lab(Tsinghua x-lab)②,由清华大学经济管理学院、机械工程学院、理学院、信息科学技术学院、美术学院、医学院、航天航空学院、环境学院、建筑学院、材料学院、公共管理学院、工程物理系、法学院、新闻与传播学院、继续教育学院、电机系等 16 个院系合作共建,还有盛景网联、中关村发展集团、同方股份、启迪协信等企业作为合作伙伴给予支持。

清华 x-lab 是清华大学"三创"人才培养的教育平台,主要有创业学习、活动组织、资源建设、项目培育四个功能。x-lab 倡导学科交叉、探索未知、体验式学习与团队协作的教育理念,帮助学生学习"三创"知识、技能和理念,培养学生的创造力,探索新型的人才教育模式。成立 7 年来,已经有 3 万多人次参与了 x-lab 组织的各类讲座、比赛、交流、实践活动。1 500 多个由清华大学在校生和校友主办的"三创"项目加入 x-lab。注册企业的项目直接带动的就业人数超过 8 000 人。经过清华 x-lab 培育的注册公司的融资金额已经达到 30 亿元。x-lab 被认定为北京市的"众创空间"。

5. 创业教育活动

清华大学创业教育活动丰富多彩,其中最典型的是创业计划大赛。这项大赛创办于 1999 年,是中国最早的创业大赛,经过二十多年的实践,已取得丰富的经验。其参赛模式为参赛者提出一个可行的创意,再根据创意完成一份商业计划书,以此为基础来争取风险投资家的投资。风险

---

① 林莉君. 约吗? 去全球最大的校园创客空间:清华大学 i. Center 助力学生梦想变成现实[N]. 科技日报,2015 – 10 – 27.

② 资料整理自 http://www.x-lab.tsinghua.edu.cn/about.html#xlabjj.htm.

投资家既可从参赛项目中选择优秀的创意和团队给予直接支持,也可以对参赛项目进行指导和帮助,让他们不断完善创业方案,争取方案有效落地。此外清华大学还会定期举行创业交流活动,学生通过展示自身创新创业工作成果,来寻找机会,找出差距,为进一步发展创造条件[①]。

6. 外部环境

外部环境是创业教育最为重要的一环。清华大学由于品牌价值的影响,无论在国内还是国外,都能得到积极有效的支持。从政策上来说,教育部将清华大学列为9所试点院校之一,给予先行先试的权利。北京市以最优惠的价格提供土地,以最优惠的政策支持建设清华科技园。这些都是推进创新创业教育必不可少的物质条件。

清华 x-lab 平台在建设过程中,国家顶级企业积极参与,给予经费、经验、项目的支持,为创新创业教育提供师资。新东方创始人俞敏洪等顶级演说家经常给创业师生上课,让清华大学的学子能站在巨人的肩膀上向前走。

清华大学的校友是全世界最优秀的校友群体之一。这群优秀校友经常走向清华大学的讲台,给学生分享他们成功的经验,为学生指明创业的路径。这些校友还积极为清华大学提供捐赠。艾瑞深中国校友会网2018 年 12 月 24 日发布的《2019 中国大学评价研究报告:高考志愿填报指南(校友会版)》显示,清华大学累计接收社会捐赠总额突破 100 亿元大关,高达 123.09 亿元,雄踞校友会 2019 中国大学社会捐赠排名榜首位。

清华大学创业教育的国际交流十分频繁,合作十分紧密。2015 年,清华大学与华盛顿大学、微软公司合作成立了全球创新学院。该学院坐落于美国华盛顿州贝尔维尤市,其目的是为了探索和应对众多世界性的挑战,培养下一代创新人才。2017 年清华大学和米兰理工大学在意大利米兰合作建设中意设计创新基地。这是清华大学在欧洲设立的首个创新

---

① 宋梦梦. 我国高校创业教育生态系统发展现状的多案例研究 [D]. 天津:天津职业技术师范大学,2017.

研究基地,对三创生态的构建起到重要的引领作用。

二、郑州大学创客教育生态系统

郑州大学由原郑州大学、郑州工业大学和河南医科大学三校合并组建而成,占地5 700亩。截至2019年12月,有全日制普通本科生5.1万余人、在校研究生1.9万余人,以及来自98个国家的留学生2 500余人。郑州大学是河南唯一一所"211工程"学校。

近年来,郑州大学将创新创业教育融入人才培养体系,建立了协同推进创新创业教育的工作机制,创造条件并鼓励学生积极参加"互联网+"大学生创新创业大赛、"未来杯"中国电动方程式大赛等各类比赛。2016年,郑州大学成为首届中国高校创新教育联盟副理事长单位、中国高校创新教育研究中心首届学术委员会会员单位。2016年,郑州大学被教育部评为"全国首批深化创新创业教育改革示范高校"。

郑州大学探索实施的"1+4+N"的创新创业人才培养模式,在创业课程建设、创业教育培养、创业教学方法改革等方面取得了丰硕的成果,形成了有郑州大学特色的生态系统①。

1. 创业课程

郑州大学的创业课程分为三个层次。第一层次,依托大学生就业创业指导服务中心,面向全体学生,开设培养学生创新创业意识的普及课程。必修课程为"创业基础",2个学分,所有专业都要开设。选修课有全校统筹"SYB(创办你的企业)"课程和"GYB(产生你的企业想法)"课程,以及各专业根据各自特点开设的特色课程。此外,郑州大学还通过"超星尔雅""爱课程"等公共课程平台,提供40门左右的创新创业网络选修课。第二层次,依托创业学院,面向有创业意愿和潜质的学生,系统开设创业技艺等方面的专门课程。第三层次,依托教师项目,组织有能力与追求的学生参与实践,从中掌握创新的基本流程和创业的实践经验。

---

① 根据郑州大学网站资料及创新创业经验介绍整理。

2. 创业教师

郑州大学的创业教育师资主要分为校内专兼职教师、创业顾问和创业导师三种。学校有一支分散在各学院的专职创业课程教师。同时，就业创业指导中心还通过专门的考试，聘用了一批兼职的创业教师。创业顾问和创业导师来自行业、企业、校友，他们有丰富的创业经验和项目运作经历，主要任务是为学生的创业项目和竞赛提供指导和帮助。

3. 创业教育机制

郑州大学设立专业的创业指导服务中心，统筹学校的创新创业教育资源，协调落实创新创业政策，充分调动各主体的积极性，搭建"学校—职能部—院系—学生"四级一体的机制，在创业教育实践中，践行"培养学生创新创业意识、塑造学生创新创业精神，提高学生创新创业能力"的一体化理念。

郑州大学规范学校科技成果转化政策，鼓励学校教师转让、转化科研成果；实施组织管理，加强协同创新，采取灵活多样的分配激励机制，鼓励科技成果与社会资本结合，实现产业化；广泛吸纳具有产业化前景的项目和团队入驻学校的创业基地，采取成熟的发展策略。

4. 创业文化

郑州大学把创新创业文化纳入校园文化建设中，通过开展 App 设计比赛、微制作等创新创业竞赛活动，营造了良好的创新创业氛围；利用官网、官微等网络平台和海报等线下模式，积极开展创新创业宣传，树立先进典型，报道创新事迹，树立创新光荣、创业伟大的理念，让创新创业观念入心入脑。

5. 创业活动

郑州大学积极参加"互联网+"创新创业、数学建模、电子设计、机器人等竞赛；设立创新创业训练项目，每年投入 200 万经费给予支持；邀请创业先锋到校宣传创业事迹和分享创业感悟；开办创业训练营，普及创业知识和职业技能，激发有创业愿望的学生投身创业；开展创业成果展览，引导和激发学生的创业热情；举办创业之星评选、学生精英创新等活动,培育创业典型。

6.政企搭台

郑州大学和郑州高新区合作,在河南省国家大学生科技园共建近1 000平方米的创新创业基地;此外,二者还共建产业技术研究院,由郑州高新区提供3 300平方米的科研场地,学校配套1 500万元的专项设备经费,通过几年的努力,已引进工程院院士2人,"千人计划"2人,"长江学者"和"青年千人计划"各1人。和金水区合作,在郑州大学北校区建设了1 500平方米的创新创业基地,开展软件类创业项目实践。和河南省合作,共建郑州大学科技园,实现各种创新创业要素的汇聚。

校企合作,郑州大学在中原批发第一城建立互联网营销类创新创业基地;在中瑞创客中心建立创意孵化类创新创业基地;在新天地药业股份有限公司建立医药类创新创业基地。

郑州大学和郑州市高新区

三、宜春学院创客教育生态系统

宜春学院的前身是1958年创办的宜春大学,2000年,经教育部批准,由原宜春师专、宜春医专、宜春农专、宜春市职工业余大学合并升格而成。学校创新创业教育工作起步较早。宜春学院早在2005年就开展了创业训练活动;2007年成立了大学生就业创业指导服务中心;2008年成立了具有法人资质的大学生创业孵化中心,并与市相关部门共建了大学生创业实训中心、创业学院、就业和社会保障事务所等创新创业实践平台;2015年成立了独立的创新创业学院,着力推进大学生创新创业教育全程化、全链条培养;2019年获批"全国创业孵化示范基地"、全国创新创业典型经验高校,其创业教育生态独具特色[①]。

1.创业课程

宜春学院的创业课程分为四个层次。一是面向全校开设的创新创业

---

① 根据宜春学院创新创业典型经验特色材料整理。

教育通识课程，重点以普及创业概念，树立创新意识，激发创业热情为主；二是各专业结合专业特色，至少开设1门与专业相关的创新创业课程，促进专创融合；三是专业创新实践活动模块和创新创业学分，并通过第二课堂成绩单制度实施学分认定，引导学生积极参加课外创新创业活动；四是加快创新教育优质课程信息化建设，依托"超星尔雅""智慧树"等平台，引进一批优质慕课、视频公开课资源，实现线上线下贯通培养。

2. 双创平台

宜春学院建有大学生创新创业平台基地。基地总面积14 448平方米，功能齐全、服务完善。其中，"笃行创新工场"面向新工科，突出学科交叉融合；"跨境电商众创空间"主要助推产业贸易项目落地；"天工创客空间"作为大学生创新发明的梦工厂，侧重培养创客人才；"尚能众创空间"则以师生共创为主；"大学生创业孵化中心"主要针对具有工商营业执照的项目；"青年文化艺术创意创业孵化园"为宜春学院双创教育最高形态，主要面向市场孵化文化艺术创意创业类项目。

3. 外部环境

宜春市政府积极参与学校的创新创业平台建设。宜春市人社部门支持宜春学院开展就业岗位、创业贷款、创业培训、创业孵化、创业项目、创业宣传等"六进高校"服务活动，举办了"讲一个创业故事给你听"创业典型报告会、就业局长校园行、毕业生工业园区行、创业项目推介会和"实习+就业"供需洽谈等活动，安排学校教师到人社部门与企业挂职兼职，加深了工作联系。宜春市政府与宜春学院联动，建立大学生就业创业"一键通"服务平台，将各类招考、"三支一扶"、"村官"选拔、应征入伍、就业政策、就业指导、招聘等信息有效整合，联合发布宣传；争取宜春市政府创业贷款在宜春学院先行试点，较好地解决了大学生创业启动资金不足的问题。

4. 创新创业教育活动

宜春学院设立了"大学生能力建设项目""大学生创新创业训练计划

项目",开展了"一院一赛"、创新人才培养暨学科竞赛、大学生科技创新与职业技能竞赛等项目。宜春学院依托多学科、综合性优势,鼓励学生跨学科专业组建团队,逐步形成了校、省、国家三级创新创业训练项目体系。近年来,有 2 000 余人次主持或参与的项目 438 项,累计 12 000 余人次参加过"互联网+""挑战杯"等创新创业竞赛,2500 余人次在省部级以上竞赛中获奖 1 674 项。

5. 文化建设

宜春学院坚持立德树人的根本任务,突出社会主义核心价值观教育,以大爱育人为特色,强调将创新创业教育理念渗透到思想、环境和典型之中,进行"德教""境教"和"身教",注重在创新创业实践中培养学生的德行与智慧。学校主要在三个方面进行文化建设:一是充分发挥地方红色文化资源的作用,组建德育团队,成立青马工作室,开办思创大咖,德创深度融合,为学生发展的行稳致远保驾护航;二是强化环境育人的功能,用校训命名双创平台,打造双创文化品牌;三是以学府讲坛、校友讲坛、创新创业大讲堂、沁湖讲堂为平台,邀请优秀校友、行业精英与学生进行面对面交流,激发学生创新创业热情。

第三节 创客教育生态系统建设的启示

生态系统建设是保证创客教育行之有效的关键因素。当前高职院校创客教育生态系统的内部要素还较为薄弱,要素发展不均衡,师资队伍实力不强,课程没有吸引力,制度没有活力,内部各组成要素之间缺乏统筹规划,没有形成整体,内部资源与外部资源缺乏联系,没有形成内合外联的机制,没有形成互动且相互支持的格局。十八大以来,各级政府出台了一系列促进创新创业发展的新举措;企业转型发展需求迫切;社会上创业活动和创业组织异常活跃,这些大环境对高校而言是非常宝贵的创业教育资源,是大学生参与创业实践和获取创业资源的重要途径。

但这些资源和校内的创客教育体系没有有效的联结，仍然是两张皮①。

他山之石，可以攻玉。我们分析研究了3所国外著名高校及3所国内各具特色高校的创客教育生态系统建设的经验，这对创建高职院校创客教育生态系统有重要的借鉴作用。

一、构建科学的创客课程体系

建设高质量的高职创客专门课程是推进创客教育的关键环节，但除此之外，最关键的是如何把创客的理论融入专业教育的全程，在所有课程和所有育人环节中都贯彻创客素养的培养。

科学的创客课程体系不仅需要理论联系实际，突显创客教育的实践性导向，而且要着重教授学生在学习创客知识时对"为什么"的思考。换言之，创客教育的终极目的不是教学生去创业，去开创企业，而是在任何岗位都要具备创新意识和创客本领。

二、打造创客型教师队伍

高质量的教师是创客教育推进过程中必不可少的因子。高职院校要学习一流高校的经验，多渠道地培养和构建创客生态系统的师资队伍；要制定教师准入标准，在教师入职面试时加入创客基础知识测试，实现创客基础知识的普及化，并将这些知识运用到专业课程的备课、授课中；聘请企业家、社会创业人士做学校兼职指导教师，并带领学生深入相关企业学习实践；派遣教师分批赴国内、国外高校深造，学习先进的创客教育方法和新理念。

三、构建内合外联的创客教育机制

创客人才的培养不是学校单一的行为，需要政府、社会、学校共同创造创客人才培养的大环境。政府层面，要为学校的创客教育营造良好

---

① 陈静. 高校主导型创业教育生态系统构建研究［D］. 长春：东北师范大学，2017.

的环境，加大政策扶持力度，出台学校可以实际操作的具体政策，为学生自主创业开辟绿色通道。社会层面，要积极鼓励企业参与学校创客教育，为学生提供项目和实习机会。行业与协会要为学校提供人才需求的预测和评价改革的方向。学校层面，要加大内部整合的力度，建设创客教育统筹管理机构，制定创客人才培养的整体规划和人才培养目标；改变培养模式，将专业教育与创客教育进行深度融合，培养学生的创客意识和本领；构建学校科技成果转化的通道，让学校与政府、企业、民间协会等共同构建学校创客教育的生态系统①。

四、构建完整的校内创客教育推进机构

高职院校要有专门的创客教育统筹推进部门，各二级学院也要建设相应的教学研究部门作为支撑，形成上下联动的校内推进机构；要形成有竞争力的制度，鼓励教师和学生参与创新；要让教师走出校门，可以去兼职或创业，通过走出校门来提升教师的创新能力②。

---

① 董晓光，李成龙. 美国高校创业教育生态系统建设的经验与启示［J］. 思想理论教育，2018（02）.
② 卓泽林，赵中建. 高水平大学创新创业教育生态系统建设及启示［J］. 教育发展研究，2016（03）.

第四章
创客教育生态系统因子

影响创客教育推进的因素有许多，从学校的角度出发，主要有六个因素。对智能制造行业企业和毕业生进行调研，分析机电类相关岗位的人才需求情况，确定创客型工匠培养的目标；将创客素养的培养融入人才培养的全过程，积极引进行业、企业、政府资源投入学校的创客教育，共同建设创客教育生态；创客教师、创客学生等创客教育的主体，共同建设创客课程、创客社团，共创创客文化；通过创客的学习方法全方面培养学生创客能力与品质。其基本框架如图4-1所示。

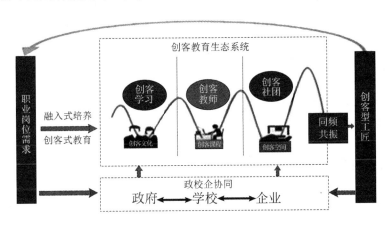

图4-1 创客教育生态系统框架图

第一节　创客课程

一、课程建设的重要意义

Curriculum（课程）一词来源于拉丁语"Currere"，最初的意思是"跑道"。1859年，英国教育家斯宾塞在《什么知识最有价值》一文中，提出了课程的概念。课程最直接的含义是"学习的进程"（Course of study），其内容包括教学内容的安排、教学的组织、教学情境的构建。课程不是静态的概念，而是一个动态的过程。它既是为学生设计的学习轨道，也是学生在这一轨道上的奔跑过程。概括起来，课程是教育机构为实现一定的教育目标为学生设计的学习计划或方案，是对学生的学习目标、学习内容和学习方式所做的设计与规定[①]。

课程是现代教育的基石，是教育中的基础设施。创客教育实施的关键环节与核心内容就是课程建设。课程是创客教育活动的重要支撑、载体，是学校创建特色的主要方向。围绕课程培养师资、建设实训条件、构建产教融合机制，让课程产生综合效益，这才是学校的根本。课程也是学校的主要产品，是学生消费的主要服务。所以，重视课程建设，不仅是学校特色办学的需要，也是创客教育推进必不可少的环节。

二、创客课程建设的理念

课程建设的主流理念有两种，分别是知识本位与能力本位。这两种理念都有其产生的背景和历史作用，它们之间没有对错，但对创客教育而言，建设能力本位的课程，应该是我们的首选。

知识本位的课程就是以传授知识为主，以学生掌握知识的多寡和理解的程度作为评价目标的课程，也被称为"学科式课程"。"学科式课程"

---

① 赵志群. 职业教育工学结合一体化课程开发指南 [M]. 北京：清华大学出版社，2009.

是以学科内容为中心设计的课程，它依据不同学科之间的相关性，按照先后顺序开设教学科目。如机电一体化技术专业先开设"工程力学""机械制造基础"等基础理论课，然后开设"电工技术""电子技术""机械设计""机电一体化概论""数控技术"等专业课。

知识本位的课程有两个优点。一是知识有其内在的逻辑性，容易实现从抽象到具体的编排。二是容易实现一对多的教学，符合现在职业教育的条件①。

能力本位的课程观就是以学生的能力培养为目标的课程观。这种能力一般分为专业能力、方法能力、社会能力，也可以分为岗位技能、岗位迁移能力、合作友爱的能力。这种课程观不仅在于能力目标的培养，更着眼于学生的全面发展。

能力有很多种解释。一是指能够按照一定的标准完成某一职业中关键的 20~30 个典型的工作任务。二是指选择和运用知识、技能以及态度的组合，完成特定环境下的某一任务。能力本位是与知识本位相对应的，其目的不是培养学者或研究者，而是根据产业或特定职业提出的具体能力以及所要达到的资格或学习成果提供相应的教育或训练②。

能力本位的概念起源于 20 世纪 20 年代的美国。美国的中等职业教育为了强调教育与企业、商业的联系，提出能力本位教育的尝试。但真正让能力本位教育大放异彩的却是美国于 20 世纪 60 年代开始的能力本位的教育培养项目。在此之前，美国的教师培养与中国的教师培养存在共同的弊端。预备教师在接受四年教育后，虽然掌握了较好的理论知识，却无法有效地上好一堂课，如何设计课程、驾驭课堂、组织评价、调动学生的学习积极性等各方面距离一个真正的教师有较大的差距。1968 年美国对 10 所大学进行拨款时，要求这些大学开发培养担任初等学校教师的课程模块。这些模块不仅包括学习者在成为教师前需要达到的具体能力和要求，而且还要说明如何对这些能力进行测量和评估。20 世纪 70 年

---

① 苏春林. 能力本位课程的要素及实施途径 [J]. 北京教育（高教），2017（05）.
② 黄福涛. 能力本位教育的历史与比较研究：理念、制度与课程 [J]. 中国高教研究，2012（01）.

代，能力本位教育在美国的职业教育中得到推广应用。20世纪70~80年代，能力本位教育观传播到加拿大、英国、澳大利亚、韩国等国家，得到了这些国家的高度重视①。1996年，德国文教部长联席会议颁布了新的《职业学校职业专业教育框架教学计划编制指南》，提出用学习领域课程方案取代沿用多年的以分科课程为基础的综合课程方案。2001年，经合组织提出了"关键能力"的概念，即在培养学生知识或技能的同时，还要培养学生能够利用这些技能或态度在内的各种心理的、社会的资源，解决特定环境下复杂问题的能力。

不管是知识本位还是能力本位都涉及创客教育改革的方向。2010年发布的《国家中长期教育改革和发展规划纲要（2010—2020年）》，在战略主题上明确提出要"坚持能力为重。优化知识结构，丰富社会实践，强化能力培养。着力提高学生的学习能力、实践能力、创新能力，教育学生学会学习，学会动手动脑，学会生存生活，学会做人做事，促进学生主动适应社会，开创美好未来"。

十年过去了，要实现这个目标，还有很长的路要走。2017年，国务院办公厅发布的《关于深化产教融合的若干意见》，一针见血地指出当前"人才培养供给侧和产业需求侧在结构、质量、水平上还不能完全适应"。学生掌握了基本的知识与理论，但无法胜任初级岗位要完成的基本工作。最普遍的例子是办公软件的操作。学生花费大量的时间学会了设置字体、设置行间距，学会了艺术字体的编排，但给学生一份手稿，一台没有开机的计算机，一台打印机，要学生拿出符合要求的最终打印稿，却很少有人能完成②。

当前，教师在观念上存在的一个很大误区就是有了知识就能有能力。训练能力首先要从教授知识开始。没有知识训练能力就无从谈起。教育界依然存在"高分低能"现象。考试能力强，但做事能力低。这个现象突显了教育领域的一个严重问题，即学校的考核与社会的需求严重脱节。社会需要的不是只会答题的机器，而是能解决生活问题的能人。学生只

---

① 赵志群. 职业教育与培训：学习新概念 [M]. 北京：科学出版社，2003.
② 徐国庆. 职业教育项目课程开发指南 [M]. 上海：华东师范大学出版社，2009.

有间接的理论知识，只会上考场答题，而不具备职业岗位所需要的能力，就无法胜任岗位工作。这是造成人才培养供给侧与需求侧差异的主要原因。

这种原因主要是由我们的教师造成的。绝大多数教师在从学校到学校的过程中，接受的都是知识本位的教育，在潜移默化中学会了传授知识、积累知识、再现知识，所以走上讲台，最擅长的也是传授知识，告诉学生如何积累知识、再现知识。许多教师认为，课堂上的互动、练习、问答，课后布置的作业就是在训练能力。其实这些程序很难达到训练能力的目的。课堂活动和课后作业都是为了理解知识、掌握知识、消化知识、记忆知识、巩固知识，并没有考虑能力训练的任务。同样，我们经常做的实验，也只是验证理论的正确性，很难为培养能力做出贡献[①]。

创客课程建设必须有一个正确的导向，这个导向无疑是能力本位。徐国庆教授在《职业教育课程、教学与教师》一书中写道："实现高职课程的高等性早已不是什么难题……只需要企业专家明确，企业会把高职学生放在哪些岗位，让他们承担哪些任务，为了完成这些任务需要他们具备哪些能力。[②]"

三、重构课程组织

过往的课程改革都集中在课程内容建设。根据泰勒的观点，课程应该包含目标、内容、组织和评价四个基本问题。不仅一门课程有内容组织的问题，一个专业也有课程间的组织问题。创客能力的培养是个系统工程，需要一系列的课程作为支撑。这些课程之间也需要有一个合理的架构。

能力生成有内在的规律，从新手到能手，一般要经过新手、生手、熟手、能手四个阶段（见表4-1）。学校的教育任务就是要寻找科学的方法，把学生从较低层次的新手培养成更高层次的人才，其过程是"从完

---

① 戴士弘. 职教院校整体教改［M］. 北京：清华大学出版社，2012.
② 徐国庆. 职业教育课程、教学与教师［M］. 上海：上海教育出版社，2016.

成简单任务到完成复杂任务"的能力发展,而不仅是"从不知道到知道"的知识学习和积累①。从新手到能手的成长逻辑如表4-1所示。

表 4-1 从新手到能手的成长逻辑

类别	学习范围	典型工作任务	活动特点	适合的课程
新手	了解基本概念	日常或周期性工作、设备装配、简单修理	需要专家手把手的教	操作性课程
生手	对工作系统、综合性任务和复杂设备建立整体性认识	设备检修、系统或流程调整	依靠操作流程	理实一体化课程
熟手	掌握与复杂工作相对应的功能性知识	故障诊断等非规律性工作	没有操作流程要自学	理实一体化课程
能手	培养学生完成结果不可预见的工作任务的能力,建立学科知识与工作实践的联系	复杂故障诊断和排除、技术系统优化和营销方案设计	靠经验与理论指导行动	理论性课程

但我们课程的编排方式恰恰与能力成长规律相反。以数控专业为例,先上语文、数学、英语等文化课,然后再开设"机械设计原理"等专业基础课,最后才会开设"数控设备加工"等操作课,这与新手—生手—熟手—能手成长的规律完全相反。有一个期末考试交了白卷的学生在卷面上写下这样一段话:"花一个学期去搞基础,还不是浪费时间交白卷?都不去想想,开一个高等数学,对专业什么帮助都没有,也不去想,我们学什么专业,学生怨气有多大,课程安排不合理,还精品!"②

实际上,在学生刚入学时,最能接受的是操作性课程,学生掌握一

---

① 赵志群. 职业教育工学结合一体化课程开发指南 [M]. 北京: 清华大学出版社, 2009.
② 徐国庆. 职业教育项目课程开发指南 [M]. 上海: 华东师范大学出版社, 2009.

定的操作知识,对专业行业有了感性认识之后,再开设机械设计基础课程,等学生有一定的操作能力,掌握了专业发展的基本规律后,再来系统学习理论知识。

打破原有的"专业理论—专业基础—专业实践"三段式课程结构,重构适应能力成长规律的课程体系,是创客能力培养的重要一环。

四、设计真实情境的项目

20世纪80年代以前,能力培养主要以训练为主。在MES(技能模块)课程开发中,对工作任务进行穷尽式分解,一直分解到可直接操作的工作步骤为止,然后以工作步骤为课程内容。我们把培养从事单一、刚性和细琐任务的工人叫泰勒主义(Taylorism)和福特主义(Fordism)。近三十年来,信息技术高速发展,生产组织形式从大规模生产到大规模个性化定制,小批量、柔性化生产正在逐步取代流水线的大批量、标准化生产,这对工人的能力提出了全新的要求。职业型人才和专业型人才在工作中的知识含量差距在缩小。在一个车间中,工人的重要程度有时并不低于工程师。在一个酒店,前台服务人员同样需要掌握客房、预订等相关知识[1]。工作任务高度重复的职业已经不多了,职业活动变得越来越变得像专业活动。

创客教育课程的知识是以与任务相关的方式进行选择和组织的,而不是按照自身的逻辑关系组织的。它们附属于工作任务,其学习也是伴随工作任务学习而进行的。对创客教育而言,最合适的课程形式是项目课程。

教学项目这个称谓起源于17世纪。1671年,巴黎的建筑师采用"项目"的名称进行建筑设计竞赛。18世纪,"项目方法"从建筑领域引入工业领域。美国华盛顿大学的奥法龙工业学院院长武德华德(C. M. Woodward)把"项目"当作一种"综合练习",将"项目"的概念引入教学领域。

---

[1] 徐国庆. 职业教育课程、教学与教师[M]. 上海:上海教育出版社,2016.

项目是以实际职业活动、企业工作为背景，按照认识论要求改造过的一项具体工作。项目是以职业活动和工作过程为导向的。项目既不是课本知识原理的图解，也不是从工作场所直接照搬来的真实工作。项目是一个具体实际的工作，所以上课时，教师必须向学生交代这项工作的由来，它的工作环境与约束条件，以及在项目中涉及的工作方法、程序、标准等知识。

项目不是工作任务。在课程开发领域，工作任务通常是指某个岗位的典型工作任务，这个任务并不是一项具体工作。如市场营销专业，产品调研是一个项目，问卷编制、数据统计、数据分析是工作任务，运用问卷编制方法、使用统计工具是技能。如数控专业，轴承加工是一个项目，绘制工艺图、备料、操作数控车床是工作任务，运用绘图软件，掌握数控编程工具是技能[①]。

创客教育项目课程建设理念已经深入人心，但实际建设效果并不理想。最主要的原因是缺乏项目，缺乏真实的情境。教师为了完成课程任务，粗制滥造项目；或教师在找不到项目的情况下，发动学生自己找项目，使课程项目简单粗糙，没有真实的情境信息，无法容纳足够的知识。

五、梳理课程目标

目标可以为我们导航，确定目标就等于完成了课程建设任务的一半。本杰明·布鲁姆（Benjamin Bloom）是美国最著名的教育学家之一，他有关学习目标的研究理论一直是课程目标确定的最重要指导思想。布鲁姆教育目标分类法将教育目标分为三个领域：认知领域、情感领域和动作技能领域。

认知领域从低到高包括记忆、理解、应用、分析、评价、创造六个层级。描述各层次目标是一项十分复杂的工作，各个层级所用动词例举如表4-2所示。

---

① 戴士弘. 职教院校整体教改 [M]. 北京：清华大学出版社, 2012.

表 4-2　认知领域目标常用动词例举

向度	认知领域目标（知识目标）常用动词例举
1.0 记忆	记忆、记得、认得、再认、确认、界定、描述、复制、重复
2.0 理解	了解、说明、诠释、翻译、释义、理清、转释、转换、举例、列举、分类、归属、归类、摘要、总结、萃取、摘述、推论、建立通则、推算、插补、预测、比较、对照、配对、解释、阐述
3.0 应用	应用、执行、实行、实践、进行、运用、使用、善用、利用、绘制、图表、计算、操作、列表、速写、解决
4.0 分析	分析、解析、区分、区别、区辨、辨别、选择、挑选、聚焦、细分、拆卸、测试、组织、重组、统整、统合、寻找、发掘、联结、归因、探究、深究、解构
5.0 评价	检查、检核、检视、监视、协调、批判、判决、判断、评选、评析、评价、评估、赏析
6.0 创造	产生、建立、组装、计划、规划、设计、制定、撰写、创作、建造、制作、开发、发明、建构

注：此表引自杨书婕老师的研究。

情感领域包括接受、反应、评价、组织、形塑品格五个层级，描述其目标的常用动词例举如表 4-3。

表 4-3　情感领域目标常用动词例举

向度	情感领域（素养目标）常用动词例举
1.0 接受	接触、倾听、觉知、感受、体会、接纳、接受、忍受、选择性注意、密切注意、深究、喜欢
2.0 反应	顺从、服从、默从、听从、自觉、自愿、主动参与、积极参与、关怀、快乐、满意

续表

向度	情感领域（素养目标）可用动词例举
3.0 评价	价值判断、评价、接受、接纳、喜好、追求、欣赏、坚信、确信、承诺、说服、宣扬、推荐
4.0 组织	组织、重组、合并、综合、整合、融合、关联、类化、调整、和谐
5.0 形塑品格	养成（习惯）、建立（一致信仰、人生观或人生哲学）、秉持（做人处事原则）、建构（理念）、形塑（观念）、塑造（人格）、涵养（一致态度、负责尽责态度或情操）、展现（一致的行为）、发展（某种信念）

注：此表引自杨书婕老师的研究。

动作技能领域包括感知、准备状态、引导反应、机械化、复杂的外在反应、适应、独创七个层级，描述其目标的常用动词例举如表 4-4 所示。

表 4-4　动作技能领域目标常用动词例举

向度	动作技能领域（技能目标）常用动词例举
1.0 感知	听到、看到、观察、摸到、触摸、尝到、闻到、感觉到、指出、转换、联结
2.0 准备状态	预备、准备、预定、感知
3.0 引导反应	指导、引导、模仿、探索、尝试、试误练习、复习
4.0 机械化	机械化操作、准确的操作、不假思索的正确操作
5.0 复杂的外在反应	纯熟、效率、流畅的操作、熟练、自动表现、善尽
6.0 适应	调适、调整、解决、应变、适应、统合、统整
7.0 独创	创造、创作、设计、建构、制作、独创

注：此表引自杨书婕老师的研究。

六、组建跨校的课程团队

课程建设的通行做法是各自为政。因为各学校的研究基础薄弱，尽管通过十几年的努力，花费大量的时间建设课程，但真正有价值、能共享的课程并不多。高职院校为什么不愿意走出校门，与兄弟院校或企业合作？一是传统观念的影响。职业教育是面向区域，面向行业企业的教育。我国地域辽阔，地区间经济、技术与职业教育水平差距大，使每个区域的劳动力市场对人才要求存在差异，无法建立统一的职业教育课程体系。二是政绩观的影响。课程开发的成果比较显性，是计入双一流、双高、示范校的评审指标，谁都不愿意放弃主导权。三是政策引导不够。政府没有出台强有力的引导政策，没有鼓励或促进校企、校校之间的合作。四是学校把课程建设作为教师培养的一个手段，通过课程全面提升教师的能力与水平。把课程建设作为练兵场。种种因素造成许多教师常年忙于编教材，建设精品课程，分配到教学上的精力严重不足。

但教育之间应该存在共通性。发达如深圳，欠发达如银川，其机械制造专业的车工的典型工作任务应该是共通的。如深圳职业技术学院和宁夏石嘴山职业技术学院的车工操作课程的要求应该基本一致。否则全国 1 000 多所职业院校，其教学行为如何规范，其教学质量如何评价？用人单位在招聘时，拿着某个学校的课程单，就应该能大致评价这个学校的学生学了哪些知识，掌握了哪些能力。

人才需求调研是一项技术性极强，需要耗费大量人力、财力的工作，这是个别院校，甚至个别省份的职业教育研究机构难以承担的。岗位典型工作任务及能力分析是一项比较复杂的工作，需要对岗位工作任务的结构模式、职业能力的理论与描述技术等问题有深厚的研究，但现阶段，无论是发达地区，还是欠发达地区，都很难达到这个要求。所有的专业调研与岗位任务分析，大多是网络调研，通过百度下载，相互借鉴，很少有原创性的岗位任务分析文章。

为了提升课程的质量，一定要组建跨校的课程建设团队，取长补短，共同投入资源，吸引企业专家参与，从岗位能力分析开始，逐步提升研究质量，建设高水平的创客课程。

第二节 创客教师

一、培养创客教师的重要意义

中国一直有尊师重教的传统,自古以来就有"三尊":尊君、尊父、尊师。韩愈总结了教师的三个重要职责:"师者,所以传道授业解惑也"。近代著名的教育学家陶行知在创建晓庄师范学校时提出:"要有好的学校,先要有好的教师。"没有一个量够质优、志同道合的教师团队,再好的学校改革构想也很难实现①。

习近平指出"教师是立教之本、兴教之源。"中共中央、国务院于2018年颁布了《关于全面深化新时代教师队伍建设改革的意见》,对教师承担的职责与作用提出了殷切的期盼:"教师承担着传播知识、传播思想、传播真理的历史使命,肩负着塑造灵魂、塑造生命、塑造人的时代重任,是教育发展的第一资源,是国家富强、民族振兴、人民幸福的重要基石。"

要推进创客教育,同样取决于"量够质优"的教师团队建设。没有优秀的教师,就没有蓬勃发展的创客教育和高质量的人才培养。目前各个高校的创客师资队伍建设比较薄弱,在师资构成、师资数量、教学能力、工程实践能力、创新创业能力等方面存在不足。加快大学创业教育师资队伍建设,进一步提高教师专业知识水平与技能、提升自身素质,对发掘大学生的创业潜力、深化高校教学改革、优化人才配置等方面都具有积极的现实意义②。

---

① 张新平.陶行知学校管理艺术:要有好的学校,先要有好的教师[N].中国教育报,2007-04-03.
② 董生忠.高职院校师资队伍的现状与培养方案[J].辽宁教育行政学院学报,2007(06).

二、创客教师的培养要求

麦肯锡公司主持的一项研究成果表明:"一个国家的教育质量是无法超越该国教师的质量的。"① 创客教育也是如此。很多学者对高职院校的教师标准进行了研究。康丽认为教师要有激情和扎实的专业知识,同时要知道怎么教学。还有一点很重要,教师要有终身学习的热情和态度②。孙翠香从四个角度,系统研究了教师培养的要求③(见表4-5)。

表4-5 教师的四维要求

序号	维度	关键点	具体要求
1	专业伦理与专业信念	专业伦理	对学生、家长、同事的专业伦理
		专业信念	专业认识、情意、坚持
2	专业知识	学科知识	学科专业知识、职业和技术学科专业知识、基于情境的实践性知识
		教育教学知识	教学法知识、学生发展知识、学生如何学习的知识
3	专业能力	教学能力	教学设计、实施、评价能力
		职业能力	行业沟通与合作、行业实践、行业服务能力
		社会能力	人际交往、合作能力
		专业发展能力	反思、学习、研究能力

---

① MOURSHED M, CHIJIOKE C, BARBER M. How the world's most improved school systems keep getting better [J]. AASL Hotlinks, 2010 (09).
② 康丽. 更多的人开始意识到教师的重要性 [N]. 中国教师报, 2019-04-10.
③ 孙翠香. 职业教育教师专业标准的内涵及内容架构 [J]. 中国职业技术教育, 2013 (03).

续表

序号	维度	关键点	具体要求
4	专业实践	创造安全高效的学习环境	鼓励学生参与教学、管理教学活动、管理有挑战性的行为、关注学生的幸福感和学习心理
		有效的计划与实施教学	建立有挑战性的学习目标、运用有效的教学策略、选择和利用教学资源、使用有效的教学交流技能、完善教学程序
		有效的评估教学效果	评估学生的学习、反馈学习结果、评估自己的教学、反思教学
		帮助学生向职业人转换	帮助学生确定职业规划、培养学生就业技能、帮助学生理解工作文化、帮助学生平衡工作的多重角色

教师的四维要求体系内容丰富，要求具体，同时结合了职业教育的特点，对当前职业教育教师的培养具有较强的指导意义。

三、教师培养的目标链

根据创客教育发展的要求，我们可以制定"合格教师、骨干教师、专业带头人、教学名师"四阶梯教师发展标准。教师在充分学习理解标准的基础上，结合学院和专业发展的需要，制定一份个性化的五年成长发展规划，明确自己的五年发展目标、行动措施和需要的保障支持。通过教师发展中心等管理软件，实时记录教师成长培训的轨迹，同时建立年底诊断反思制度，围绕"一师一方案"确定的目标，认真总结个人规划年度执行的效果，反思与不足之处，并制定下一阶段的改进措施。

案例 4-1：湖南机电职业技术学院的四阶梯教师发展标准（摘要）

（一）合格教师标准

1. 师德师风

拥护党的基本路线和政策，坚持新时代社会主义教育方向，热爱教育事业。教学态度端正，有良好的师德修养。为人师表，教书育人效果显著。近五年年度考核在合格及以上等次。

2. 教育教学

能按照人才培养要求，精心组织教学，完成学校教学能力与工程实践能力测评。认真完成各项教学任务，教学工作量饱和。积极参与专业标准、课程体系等教学资源库建设。近五年完成一次全院公开课，教学效果得到师生好评。近五年学期教学质量综合评价均在 B 等或以上等级。

3. 教科研工作

积极开展教研科研工作，近五年取得一定的教科研成果，且达到下列条件之一：

(1) 以第一作者的身份在省级以上刊物公开发表论文一篇。

(2) 主持校级及以上研究课题。

(3) 参加校级及以上教学竞赛获三等奖及以上奖励。

(4) 指导学生参加省级技能竞赛获三等奖及以上奖励。

(5) 主编、副主编或参编教材并公开出版。

(6) 主持建设一门尔雅平台课程且达到学校合格标准。

4. 职业规划

按照学校"一师一方案"要求制定科学合理的五年职业生涯规划，在实施教师"六个一"工程年度考核中达到合格。

（二）骨干教师标准

1. 师德师风

热爱教育事业，为人师表，教书育人，爱岗敬业，事业心和责任心强，积极参加科室建设，具有较强的改革创新和团结协作精神。近五年年度考核达到合格及以上，且至少有一次为优秀。

2. 教育教学

具有讲师及以上职称，完成学校教学能力与工程实践能力测评，具备"双师型"教师素质。认真完成各项教学管理任务，教学工作量饱和。积极参与专业标准、课程体系等教学资源库建设，主持建设一门尔雅平台课程且达到学校优秀标准。能熟练系统地讲授两门课程（其中一门为主干课程），近五年学期教学质量综合评价均达到B等且至少两次以上为A等，须至少具备下列一项条件：

（1）主编、副主编或参编教材，个人撰写部分的字数须达到3万字以上。

（2）主持校级及以上教学成果奖。

（3）主持校级及以上教学研究课题。

（4）参加省级教学竞赛获三等奖及以上奖励。

（5）指导学生参加省级技能竞赛获三等奖及以上奖励。

3. 科研工作

有明确的专业研究方向，近五年取得一定的科研成果，且须至少具备下列一项条件：

（1）以第一作者身份在省级以上学术刊物上公开发表论文一篇。

（2）获得市、厅级科研成果三等奖及以上奖励（排前三名）。

（3）主持省部级科研项目一项。

（4）获得一项专利或软件著作权。

4. 职业规划

按照学校"一师一方案"要求制定科学合理的五年职业生涯规划，在实施教师"六个一"工程年度考核中获得优秀。

（三）专业带头人标准

1. 师德师风

热爱教育事业，为人师表，教书育人，爱岗敬业，事业心和责任心强，积极参加专业建设，具有较强的团结协作精神，近五年年度考核合格及以上，至少有一次为优秀。

2. 教育教学

具有副教授及以上职称，完成学校教学能力与工程实践能力测评，具备"双师型"教师素质。主持建设一门尔雅平台课程且达到学校优秀标准。能熟练系统地讲授两门课程（其中一门为主干课程），近五年学期教学质量综合评价均达到B等且至少两次以上为A等，同时具备下列一项条件：

（1）主编、副主编或参编教材，个人撰写部分的字数须达到5万字以上。

（2）主持教学研究成果获得院级奖励二等奖及以上，主持或参与省部级、国家级教学成果奖。

（3）主持校级及以上教学研究课题。

（4）参加省级教学竞赛获三等奖及以上奖励。

（5）指导学生参加省级技能竞赛获二等奖及以上奖励。

（6）立项省级及以上精品共享课程或担任名师空间课堂项目负责人。

（7）主持制定校级及以上专业教学、技能抽查标准。

3. 科研工作

在产学研结合方面，勇于探索、积极实践、不断创新，近五年取得一定的科研成果，且须至少具备下列一项条件：

（1）以第一作者身份在省级以上学术刊物上发表论文两篇或在省级以上核心期刊上发表论文一篇。

（2）获得一项专利或软件著作权。

（3）公开出版由本人独著或与他人合著的专著、译著等著作，个人撰写部分的字数须达到5万字以上。

（4）主持省部级科研项目一项。

（5）主持横向课题到账经费一万元及以上。

4. 专业建设

具有指导本专业建设、开发新专业，具有组织制定专业人才培养方案及课程建设标准能力。具有组织领导学科（课程）开展教学、科研、应用开发能力或在教学、教改、实验室建设方面有学校认定的突出成绩。

5. 团队建设

重视"双师型"教学队伍建设，能够有效吸引行业企业一线技术骨干积极参与专业技能人才培养,面对部门、行业企业的实际需求,能承担与专业相关的技术服务、企业培训工作。具有指导专业教师及时跟进社会需求对本专业技术领域高技能人才要求的能力,具有指导培养青年教师的能力,近五年内承担过青年教师培养任务。

(四)教学名师标准

1. 师德师风

拥护党的基本路线和政策,坚持社会主义教育方向,爱岗敬业,政治立场坚定,师德高尚;事业心强,富有创新协作精神;治学严谨,教风端正;诚信育人,为人师表,具有较强的改革创新和团结协作精神以及组织带领专业梯队的能力,近五年年度考核达到合格及以上且至少有两次为优秀。

2. 教育教学

具有副教授及以上职称,有较强的工程实践能力与社会服务能力。有丰富的教学实践经验,近三年每年完成一堂高质量的公开示范课。能指导专业标准、课程体系等教学资源库建设,主持建设一门尔雅平台课程且达到学校优秀标准。能熟练系统地讲授两门课程(其中一门为主干课程),近五年学期教学质量综合评价均达到B等且至少三次以上为A等,同时至少具备下列一项条件:

(1) 担任过省部级、国家级规划教材主编,或主编的教材获省部级、国家级奖励。

(2) 主持或参与获得省部级教学成果奖二等奖及以上奖励。

(3) 主持省级及以上教学研究课题。

(4) 参加省级及以上教学竞赛获一等奖。

(5) 指导学生参加省级技能竞赛获一等奖。

(6) 立项省级及以上教学资源库或担任名师空间课堂项目负责人。

(7) 近五年主持制定省级专业教学标准一项。

3. 科研工作

在产学研结合方面,勇于探索、积极实践、不断创新,近五年内取得较突出的成绩,且至少具备下列一项条件:

(1) 以第一作者身份在核心期刊上发表论文一篇。

(2) 获得一项发明专利。

(3) 主持省级科研项目一项。

(4) 公开出版由本人独著或与他人合著的本学科专著、译著等学术著作，个人撰写部分的字数须达到 5 万字以上。

(5) 主持横向课题到账经费 2 万元及以上。

(6) 主持制定省级政府、行业、企业质量标准一项。

4. 社会服务

具有相关企业相应技术工种工作经历三年以上，或经常深入企业参与技术活动，具有行业企业的技术资格，面对部门、行业企业的实际需求，主动承担与专业相关的技术服务、企业培训工作，取得学校认可的突出效果，在行业企业具有较高的影响力。基础课教师应积极参加同类院校或同专业学校的交流活动和各种教学比赛并取得有较大影响的教学或研究成果。

5. 团队建设

重视"双师型"教学队伍建设，能够有效吸引行业企业一线技术骨干积极参与专业技能人才培养，具有指导培养青年教师的能力，近五年内承担过青年教师培养任务，所指导的青年教师中至少有一人已确定为学校骨干教师培养对象。重视师德教风建设，带动形成良好的"传、帮、带"文化。

四、创客教师培养的路径链

实现创客教师培养目标，需要有落地的措施与抓手。最有效的方式是围绕创客工匠培养设计若干必须任务，教师遵循这个任务体系，一步步抓落实，就能在培养学生的过程中，提高自己的教学能力与水平。

1. 明确一个前沿技术方向

教师要在分析自己能力、水平和工作经历的基础上，认真确定本专业的技术发展方向，确定一个自己感兴趣，同时具有发展前景的技术方向，并集中所有的精力进行钻研和学习，确保自己在这个比较小的领域内有一定的话语权，能够实现技术技能的积累。

2. 联系一家企业

要做好创客教育，必须有深度的校企合作。传统的校企合作是学校领导出面签订合作协议，双方领导经常互动和交流，但仅靠双方领导的互动和交流很难达到理想效果。校企合作的核心是教师要深入企业，能为企业做技术服务，能在企业有话语权。每个教师联系一家企业，正是落实校企合作的主要举措。教师通过到企业实习、顶岗，为企业服务，与企业建立深厚的感情，把企业的项目带到课堂等形式，切实提高自己的工程实践能力。为了达到提升自我的目标，企业的选择非常重要。教师应该根据学校的要求、专业发展的特点和个人的能力与水平现状来确定企业，一个根本原则是教师必须真正深入企业，了解产业发展的前沿动态。

案例4-2：湖南机电职业技术学院教师联系企业的遴选标准

（1）企业有一定的技术水平。

（2）企业是独立的法人单位，有五个及以上正式员工。

（3）教师本人能动员企业至少一名员工到学校指导学生实习。

（4）教师本人能联系企业为学生参观实习提供机会和专业调研信息。

（5）教师本人能到企业顶岗实习。

（6）通过三年左右的努力，教师能为企业提供技术服务。

3. 拜一个企业导师

教师要和企业一线的工程师建立成长共同体，拜一个企业的导师，跟随导师进行技术攻关和项目开发，以提升自己的社会服务能力。教师要和企业的工程师形成结对关系，不仅要学习导师的技艺，关键是要通过导师，了解企业岗位的需求变化，将企业的最新技术带到学校，通过导师逐步在行业内建立朋友圈。

4. 建设一门创客课程

教学是教师的终身追求，培养人才一定要有课程作为支撑。如果每个教师建设一门课程，学校就可以建立庞大的创客课程群。创客课程不仅是专门训练创客课程,而且要把创客的理念融入专业课程,把专业课程也建设成有创客潜质的课程。通过前面三个步骤,教师可以积累丰富的企业实践经验,然后把企业的项目引入课程开发,将工程项目与课程项目有机融合。教师确定课程以后,应该持续发力,要围绕课程教学,建设网络课程资源,编写一本高水平的教材,将课程建设的水平提升到更高的层次。

5.指导一个创客社团和培养一批创客学生

随着学生数量的不断增加,教师很难再对学生进行一对一的指导。教师上完课回到家中,基本上不会再联系学生。学生在校学习三年,只记得辅导员,基本不认识专业课教师。实施创客教育,必须让教师和学生形成学习共同体,通过教师的成长带动学生的进步。教师要率先示范,自己先做一个创客,才有可能带着学生成为创客。每名教师指导一个社团,通过社团吸收一批学生,通过社团活动,带领学生不断成长与进步。

五、创客教育培养的行动链

无论是设计现代大学的教师教育课程,还是制定教师专业标准,都回避不了教师的教育教学能力培养[①]。传统的培养办法就是请进来、送出去,多听报告。讲座式培训无法确保培训内容能真正贴近教师的需求,教师参加此类报告,更多的是"听听激动、想想感动、回去基本不动。"教师的培养也要变为能力本位,"从做中学",必须用一个个项目检测,采用人人过关的方式才有可能收到实效。

1.以教学测评为抓手,提高教师创客教学设计能力

组织专家编写教学测评的标准与方法,制定可参考的模板。在全体教师中开展教学设计培训,让创客教育理念深入每位教师的大脑。每位教师选择一门课程,按照创客课程开发"能力本位、项目载体、以做为主"的理念进行设计。在设计过程中,组织2~3次的集中讨论,逐步完

---

① 朱旭东.论我国教师教育体系的重建[J].教师教育研究,2009(06).

善设计方案。在此基础上,组织3名专家进行现场测评。教师介绍自己的设计方案,然后上一节课,由专家们独立评价教师是否掌握了"能力本位、项目载体、以做为主"的创客教学理念。

2. 以课程认证为手段,熔炼教师创客教学能力

制定课程认证标准,每位教师建设一门课程,包括教学计划、教学资源。教师严格按照标准组织实施课程。聘请专家采用推门听课的方式对课程实施情况进行评价。

案例4-3:湖南机电职业技术学院课程认证标准

课程认证从课程设计、教学实施、教学资源、课程评价四个维度进行评价认证。

(一)课程设计

1. 课程标准

准确分析本课程在专业人才培养目标中的地位与作用,准确描述课程的能力目标、知识目标、素质目标,前导后续课程衔接得当。公共基础课程要联系时代发展和社会生活,融通专业课程和职业能力,弘扬劳动精神,培育创新意识;思政课程要充分反映马克思主义中国化最新成果;专业课程要及时反映相关领域产业升级的新技术、新工艺、新规范,重视加强劳动教育,弘扬劳动精神、劳模精神;实训课程源于真实工作任务、项目或工作流程、过程等,文本格式符合标准,信息准确,图表清晰美观、表述清楚。教学内容有效支撑教学目标的实现,选择科学严谨、容量适度、安排合理、衔接有序、结构清晰的教学内容。

2. 授课计划

课程授课计划应严格执行课程标准。教学进度安排要遵循学生认知规律和职业能力形成的规律,按照项目化、模块化、案例化等组织模式序化课程内容;教学方法和手段灵活,体现"教、学、做合一"的理念和信息化教学等要求。授课计划文本格式规范,授课学期、班级、课程目标等信息准确,图表清晰美观、表述清楚。

3. 教案

严格按照授课计划要求进行教案设计,时长2~4学时。教案基本信

息准确无误，文本格式规范。课堂教学目标要支撑课程培养目标，教学难点、重点清晰。课堂教学内容要有适当的课程思政设计，有明确的教学流程和进程安排。教学方法和信息化教学等教学手段选用恰当。

(二) 教学实施

1. 学生参与

学生积极参与课程学习，学习热情度高，学生到堂率、听课率、作业或任务完成率、课堂内外互动参与率比较高。

2. 标准执行

严格按照课程标准、授课计划和教案执行教学任务，课堂教学目标的偏离率，教学计划调整率不超学校标准。教研室日常检查、教务处抽查和质量控制部督导巡查中无上述内容通报。

3. 目标达成

课程教学目标达成度好，绝大多数学生通过课程学习能够达到课程教学目标，课程通过率高，成绩分布合理。

4. 教学环节

教学准备充分，教态自然，表述清楚；教学规范，环节完整，重难点突出；以学生为中心，教学互动广泛深入，课堂气氛生动活泼；课程思政融入贴切，信息化教学应用合理。

(三) 教学资源

1. 教材资源建设

"优质课""金课"有校本或公开出版的教材。教材编写原则上应吸收行业企业技术人员、能工巧匠的深度参与，开发新型活页式、工作手册式教材并配套开发信息化资源。

2. 教辅资源建设

"优质课""金课"需建设一定的教辅资源。每个教学单元都要有高质量的多媒体课件，课程重难点、关键操作步骤等须有一定的动画或视频资源，实训课程要有突出实践操作要点和规范的指导手册或引导文，课程有行业标准、相关案例等拓展资源。

3. 网络资源建设

所有的课程均要建设网络资源。网络课程门户栏目完整、章节目录清楚、内容充实；网络学习单元设计合理，以多媒体资源为主、图文并茂、重点突出；习题库、案例库、试题库、技术资料库等配套资料数量充足。

（四）课程评价

1. 学生评价

通过教学质量管理平台课程评价的数据评价，70分为达标课程分数，"金课"年度评价排名须在前30%以内，"优质课程"年度评价排名不能在后30%以内。

2. 同行评价

通过教务系统组织的同行测评，80分为达标课程分数，"金课"年度评价排名须在前30%以内，"优质课程"年度评价排名不能在后30%以内。

3. 社会评价

主要有行业企业评价、第三方评价。"金课"须第三方评价为优秀，在毕业生中口碑较高，获得1~2家企业的好评和推荐，"优质课程"需第三方评价为良好，在毕业生中口碑良好，获得1~2家企业的好评。

3. 以能力测评为手段，提升教师创客能力

如何提升教师的工程实践能力是当前教师培养的重大课题。国家的总体政策是希望学校能吸引有工程实践能力的教师到学校上班。国务院2019年颁布的《国家职业教育改革实施方案》中明确提出，职业学校不得直接从学校招聘应届毕业生。这个措施，更多的是为了面向未来。对已经在学校上班的教师，当务之急是提升他们的工程实践能力。

教师工程实践能力的提升，除了进入企业，最有效的手段还是测评。学校可以制定各专业分类的工程能力标准全体教师对照能力标准，进行培训或学习。此外，还可以采用专家出题、现场考核的方式，全面评价教师的工程实践能力。

第三节　创客学习

学习方法是人才培养模式中的重要组成部分。不同的学习目标会有

不同的学习方式。理论学习适合背与记，能力本位的教育需要采用以做为主的教学方式。

一、创客学习的内涵

西摩·佩珀特教授基于建构主义，提出了建造主义。他认为学习过程是一个自己主动构建的过程，学习者通过分享创意和外在作品建造来学习。建造主义认为教师不能直接把知识传递给学生，学生学习知识是自己主动的构建，教师只是为学生创造一个构建知识的环境。对工科高职院校来说，建造主义就是在制作中学习。这种学习方式是由教师为学生提供平台、设备、项目与机会，学生在制作中构建知识。

创客学习的内涵就是"制作中学"。西方有一位哲人讲过："听过的会忘记，看过的能记得，做过的能理解。"这句话是对在制作中学习的最好总结。学习要通过"做"才能掌握和理解，知识只有理解了才能内化。因而，学生通过"做"而得到的知识才能真正掌握。根据常识不难理解，我们看书的时候，看书的收获远小于边看书边做笔记的收获，当然更不如看书之后写一篇主题文章收获大。对工科技能型人才的培养而言，通过制作模型、制作产品等获得的技能会更多也是这个道理。

基于建造主义理论下的"制作中学"教学方法表明，学生从教师口中听来的知识并非是已经真正获得了的知识，学生只有碰到问题，并寻求解决问题的方法时，才能真正学到知识。如果学生没有在心理上参与知识的构建，那么这些知识就不可能被学生接受。教学不应该是给学生灌输知识，而应该是让学生从参与的实际项目中得到经验和知识，并进行反思。

二、创客学习的过程

创客学习的过程，可以概括为"调查选题、创意构思、产品制作、优化迭代、路演分享"五步。这五步是创客项目的生命周期。基础学习、探索创新、内化吸收和不断进行自主的创造性学习，可以为学生创造有意义的学习经历。在创客项目实施过程中，能够全面培养学生的创客思维、创客素质和创客精神。

以创造有意义的学习经历为价值取向,结合创客学习的自身规律与特征,基于"设计思维"方法,建立创客学习的过程模型。图4-2所示的六个学习流程在知(认知)、思(思考)、做(实践)、创(创意、创造和创新、创业)、评(评价)的指引下不断循环迭代,构成一个完整的创客学习环,而学习者的自主性与创造性在确保这个学习环持续运行下去的过程中发挥重要作用①。

图4-2 创客学习的过程模型

1. 调查选题

以互联网、云计算、大数据为代表的新型科技,赋予了学生多样化的调查研究方式。他们可以通过线上线下相结合的方式开展产品市场调查和设计趋势研究,做到知己知彼、发现问题、推陈出新。在线下,学生可以采用传统的方式方法开展相关调查研究。在线上,网络电子商务平台提供了国内外相关产品的外观、材质、结构和销售等细致而全面的信息;网络视频共享平台提供了国内外相关产品的外形展示、功能演示

---

① 李玉民,陈鹏,颜志勇. 机电类专业创客型工匠培养研究 [M]. 北京:北京理工大学出版社,2018.

和结构分解等鲜活而生动的视频;网络专利文献数据平台则提供了国内外相关产品丰富而专业的技术专利和学术文献。

创客项目负责人在创客学习中可以结合自身的学习兴趣、个性禀赋和个体素养,结合线上线下的调查研究,选择创客项目。创客项目选题必须具有真实性、社会性、层次性和开放性。真实性和社会性体现在创客项目主要来源于日常生活、生产实际和社会需求;层次性主要是根据学生的学龄、学科、专业和个体素质等的差异性,安排具有不同难度梯度的项目选题;开放性主要体现在创客项目选题不局限于传统的创客导师指定项目任务,学生可以自主调查选题。完成选题之后,创客项目团队需要根据产品研发过程,制订项目时间进程计划。

2. 创意构思

首先,学生根据前期产品市场调查和设计趋势研究,对人、技术、市场环境、审美形态等基本设计要素,如市场需求、外观造型、功能结构、材料工艺、操作使用等诸多方面进行分析,明确设计方向,提出设计概念,确立设计定位。然后,学生提出多种初步的创意构思,并绘制设计草图,学生对初步设计方案进行分析、比较、综合和优化。最后,根据实用性、美观性、创造性、工艺性、人本性和安全性等评估标准甄选出最佳创意方案。

3. 产品制作

产品制作主要是完成产品实物样机的制作,根据产品非标准零部件的可制造性考虑其制作成本,充分利用传统机加工、数控加工、激光加工、快速成型(3D打印)等多种加工或成型工艺的比较优势,选择多样化、低成本、高效率且可靠的非标准零部件制作方法。在零部件实际制作中,学生既可以利用现有设备进行零部件制造,又可以基于网络电子商务平台,进行产品的个性化定制,即异地同步协同制造。

4. 优化迭代

制作完实物样机的非标准零部件后,开始采购实物样机的标准零部件和电气控制元器件,根据三维数字化虚拟样机装配工程图进行实物样机的装配、调试和测试。在实物样机测试阶段，一方面检验产品设计中的造型形态、结构功能、机械系统、控制系统和技术工艺等产品设计基本要素的科学性、可靠性和合理性；另一方面，根据测试过程中发现的设计缺陷，通过举行创客项目团队的头脑风暴会议，提出多种问题解决方案，通过比较、分析和优化，将最优解决方案反馈至设计环节，再次进行设计优化、原型制作和装配测试，从而不断完成设计迭代，最终完成实物样机的研制。

5. 路演分享

路演分享主要包括以下三个方面：一是对创客学习结果即研发产品的评价分析，主要是对创客项目作品的功能、结构、设计、工艺制作、性能价格比、先进性、创新性、美观性、实用性、安全性等多方面进行综合评价分析；二是对创客学习过程的评价分析，从实用性、新颖性和创造性三个方面进行选题评价分析，从创新性、美观性、结构合理性、工艺性、理论技术的先进性、设计数据的规范性、设计图纸的质量等方面进行设计评价分析，从功能实现、制作水平与完整性、作品性价比等三个方面进行制作评价分析；三是对创客学习学生个体的评价分析，主要是对创客项目团队成员的领导力、学习力和创造力的综合评价。通过路演分享可以深入分析创客学习如何为学习团队和个体成员创造有意义的学习经历。

案例 4-4：湖南机电职业技术学院《汽车雨刮器机构的设计与制作》项目

"机械设计基础"设计了 1 个基础项目、5 个成长项目、1 个拓展项目，它通过五个项目的学习来培养学生的创造能力。

《汽车雨刮器机构的设计与制作》[①] 是《机械设计基础》这门课程的一个成长项目，要求学生从调查选题、创意构思、产品制作、优化迭代、路演分享这几个环节来完成这个项目[②]，如表 4-6 所示。

---

① 颜志勇，宁智群，艾金山. 基于工作过程的机械设计基础课程教学设计 [J]. 中小企业管理与科技（上旬刊），2015（04）.

② 颜志勇，刘靖，向东. 基于"制作中学习"教学模式的《机械设计基础》课程改革研究与实践 [J]. 考试周刊，2016（04）.

表 4-6 汽车雨刮器机构的设计与制作

学习活动	学习内容
调查选题	通过线上线下的相关图书、学术论文和专利文献，进行汽车雨刮器机构相关知识的自主建构，系统学习常用的机构，如平面连杆机构、凸轮机构、间歇运动机构。针对开发性选题汽车雨刮器融合创新产品，选择不同的机构，制作不同类型的汽车雨刮器
创意构思	提出平面连杆机构、凸轮机构、间歇运动机构设计汽车雨刮器的创意，构思总体方案
产品制作	选用以有机玻璃为主的原材料，到各个工坊进行画线、切割、打孔、磨边、打磨、精修等工序，完成雨刮器各个零部件的制作，最后在装配工坊完成雨刮器的装配与调试
优化迭代	进行汽车雨刮器机构的调试，通过实测发现存在的问题，通过举行创客项目团队头脑风暴会议，提出多种问题解决方案，通过比较、分析和优化，将最优解决方案反馈至设计环节，并再次进行设计优化、原型制作和装配测试，从而不断完成设计迭代，最终完成实物样机的研制
路演分享	各个团队通过五分钟的PPT演示，分享雨刮器设计与制作过程中运用的知识、方法，展示作品并分析产品的独特性。指导评价、自我评价和其他同学评价相结合，通过创客空间分享实物样机

第四节 创客空间

一、创客空间概念及作用

美国《创客杂志》把"创客空间"界定为："一个真实存在的物理场所，一个具有加工车间、工作室功能的开放交流的实验室、工作室、机械加工室。"① 王佑镁、陈赞安认为可以从三个角度来理解创客空间。一是物理化的制造空间，有一定的使用空间，且利用空间向创客提供激光切割机、3D打印机等设计制造设备；二是人际化的共享空间，通过组织创客聚会，促进创客空间的知识分享、跨界协作以及创意的实现和产品化；三是社会化的服务空间，为创客们的创新创意作品提供孵化的全新组织形式和服务平台②。

陈琴认为创客空间首先是一个制造空间，这个制造空间可以是物理的制造空间也可以是网络空间；其次是一个分享空间，所有参与人群乐意分享，促进知识交流以及跨学科合作；再次是具备完善的运行机制保障其运行，有政策支持、组织机构、固定经费来源、创意生活化以及反馈机制。因此创客空间是指线上、线下都可以开展的具有分享性、跨学科性和一套完善运行机制的制造空间③。

著名的教育学家杨现民总结：创客空间是创客开展创客实践活动的主要场所，是指能让创客积极有效地在"知识建设、课题研究、创意构思、优化设计、原型制作、成果分享、融资、生产上市"的过程中，持续进行创新、实践、共享、协作和交流的开放性学习空间④。创客空间是一种线上虚构空间与线下实体空间相结合的自我—团体合作研习空间，线下实体空间主要为创客提供展开各项实际行动的场地与相应环境，在线上虚拟空间负责客户资源的开发与共享、客户空间的运营与管理、客户进入项目的监控与评价、客户的共享与沟通。创客空间的功能定位是就业空间、互联网空间、交际空间与资源共享空间。

针对经营者和经营模式的不同可以把我国的创客空间分为两大类：一类是社会型创客空间，一类是高校型创客空间。社会型创客空间又可分为平台创客型、媒体驱动创客型、投资驱动创客型、垂直产业创客型、

---

① 刘小丹，胡小红．创客空间支持下的学习模式研究［J］．中国电化教育，2016（05）．
② 王佑镁，陈赞安．从创新到创业：美国高校创客空间建设模式及启示［J］．中国电化教育，2016（08）．
③ 陈琴．美国高校创客空间的构成要素与运行机制研究［D］．重庆：西南大学，2019．
④ 杨现民．建设创客课程："创课"的内涵、特征及设计框架［J］．远程教育杂志，2016（03）．

开放空间创客型、地产思维创客型（见表4-7）①。

表4-7 社会型创客空间的类别

序号	类型	主要特征	例举
1	平台创客型	为大型企业设计，不追求租金收入，主要通过打造未来商业模式来寻求回报	微软风险投资加速器
2	媒体驱动创客型	面向媒体企业，通过发布内容和造势来吸引眼球	36氪、创业家
3	投资驱动创客型	为投资机构设计，通过融资平台产生收益	创客工厂、天使汇
4	垂直产业创客型	为政府和行业服务，直接帮助企业孵化创业	中关村云基地
5	开放空间创客型	在一般咖啡厅基础上设计改造，主要为交流办公服务	YOU+青年国际创业社区、车库、3W咖啡
6	地产思维创客型	为房产企业提供服务	SOHO 3Q、优客工场

高校型创客空间和社会型创客空间的最大不同在于所在位置和所服务的对象。高校型创客空间一般位于校内，其服务的对象主要是师生，不以营利为目标，也不以创业为追求，而是更多地承接创客教学的任务。

高校型创客空间中的活动往往具备跨学科性、综合实践性，最终形成一系列创客产品，这有利于提升高校型创客空间的产业创新价值。高校型创客空间的成果孵化是产教融合的典型体现，并且高校型创客空间还影响学生在科学、工程、数学、医学、建筑学、文学、音乐、创业以及其他领域的学习效力，这些创客空间已经超出创客空间自身的界限，

---

① 裴炳.浅析山西大学创客空间概念设计［D］.太原：山西大学，2017.

具有有益于各学科间互动以及支持同伴学习的功能①。

新媒体联盟《地平线报告》（2016 高等教育版）分析了未来五年内高等教育中教育技术有可能取得重要进展的六个项目，分别是自带设备、学习分析和自适应学习、增强现实与虚拟现实、创客空间、情感计算、机器人技术。《地平线报告》对创客空间充满期待。

在快速发展的社会中，高等教育机构正在重新定位自己，这就促使真正有实用价值的技能得以发展。在此大环境下，随着越来越多的学生能够使用 3D 打印机、机器人、基于 Web 的 3D 建模程序，创意、设计和工程等学科领域正成为教育首要的考虑内容。如何整修或重新设计教室以满足未来需求，我们能从创客空间这一概念中找到答案。

高校创客空间建设得到了国内外政府的高度重视。2012 年初，美国政府计划在未来四年内在美国 1 000 所学校引入创客空间，配备 3D 打印机和激光切割机等数字制造工具②。

在国内风起云涌的创客空间建设大潮中，创客空间建设取得了丰硕的成果。2015—2018 年，科技部共认定了 3 289 个国家级众创空间，其中高校主办的众创空间共计 392 个，占 11.9%。但高校创客空间建设也存在一些问题。一是场地充裕但专业设备仪器利用率低。如清华大学的 i. Center、北京大学的 x-lab 场地充足、设备先进，但更多的是倾向于成果孵化的，与学校课程结合较少。二是创客活动和服务单一，主要以赛事为主。有的高校的创客空间虽然提供场地，但是主要是用于研讨会、培训、作品展示等。三是校企合作对象有待进一步优化。如西安交通大学的数字图书馆"iLibrary space"没有与外校、校外企业、校外联盟等成立合作关系，在设备和资金方面没有校外企业参与。

---

① ALIPZ, COOKE M , CULPEPPER M L, etal. The Value of Campus Collaboration for Higher Education Makerspaces [R]. I, SAM Conference, 2016.

② DAUGHERTY. Makerspaces in Education and DARPA [EB/OL]. http：//makezine.com/2012/04/04/makerspaces – in – education – and – darpa/2014 – 12 – 20.

二、创客空间场地

场地是创客空间建设的物质基础，必不可少。场地面积没有统一的规定。国内首个创客空间建设标准——四川省《中小学教育创客空间建设指南》（DB51/T 2592—2019）明确指出："根据教育创客空间项目配套相应用房，满足教育活动需求。"这应该是创客场地建设的总体要求。创客空间场地建设有三个模式。

1. 集中建设创客空间

这种模式是学校集中在某个区域建设创客空间，这种模式有很多样版。如斯坦福大学的产品实现实验室 PRL 是斯坦福大学最大的教学实验室和创客中心，占地 9 000 英尺[①]，分为机械加工、木工、铸造、焊接、塑料和快速原型制造等六个区域。清华大学依托工程实训中心，建设了全球最大的校园创客空间 i. Center，建筑面积达到了 1.6 万平方米，该空间具有原型设计、产品制造、创客教育等功能区，能满足师生足不出户，完成创意的设计与制作的要求。广东工业大学众创空间建立了较强的实体空间，水、电、网络等基础设施相当齐全，集办公、交流、洽谈、会议、分享为一体，实体空间包括教学空间、实践工作坊、团队办公区、交流分享区，同时进行了科学、合理的功能分区（见表 4-8）[②]。

表 4-8 MS 空间的功能分区和建设内容

功能区	面积/平方米	建设内容
创新团队区	1 220	分为 32 平方米、90 平方米等规格，共 10 间及公共平台，提供给 48 个创新项目工作室、项目研讨室
创业团队区	3 750	分为 12 平方米、18 平方米等规格，共 99 间及公共平台，提供给 105 个创业团队入驻孵化办公、项目洽谈、项目诊断

---

① 1 英尺 = 0.304 8 米。
② 张育广. 高校众创空间的运行机制及建设策略：以广东工业大学国家级创客空间为例 [J]. 科技管理研究, 2017 (13).

续表

功能区	面积/平方米	建设内容
创客工位区	650	大通间，提供100个公共工位，供创客随时申请借用，实行动态管理，每个工位可以以小时为单位借用，也可以以天为单位借用，最长不超过一周
公共制作间	180	分为2个制作间，机械类通用公共制作设备（3D打印、数控机床等），电气类通用公共制作设备（仪器仪表、简易焊接器械）
服务大厅	430	分为专利代理、工商登记、投融资对接、股权交易咨询等孵化服务中心和综合事务管理办公室
创客沙龙区	2 365	分为展示厅、会客厅、交流厅、分享厅等3个小的功能区，可以满足小型的交流会、研讨会和分享会
研讨会议室	560	设有多种规格的研讨室和会议室，共6间，并配备多媒体设备和网络端口
创客咖啡吧	530	引进品牌咖啡经营商在众创空间里分设连锁店
路演展示区	1 500	共有6间，设备齐全，供创新创业团队进行项目路演和展示使用
翻转课室	1 860	共有12间，进行去中心化、空间可变的现代设计，供创新创业理论课程授课、分组讨论使用
通用课室	1 750	共有6间，供创新创业教育课程讲授、思维引导类公开课、创新创业论坛等使用
文化长廊	1 850	长220米，固定宣传栏（板）88个，展示各入驻团队的风采等
花园式庭院	3 730	共7个，供创新创业者和全校师生休闲、憩息之用

2. 建设分散的创客工坊

根据创客教育的需要，分散建设创客工坊，满足各专业创客素养的培养。如湖南机电职业技术学院、南京机电职业技术学院正在推行创客校园建设，其目标是把每间教室都建成创客工坊，按照创客教育的要求，配备制作工具，让师生在工坊中完成相应的项目设计与制作。西安交通大学整合原有的实训中心资源，建设创新工程坊[①]。工程坊按功能可分为三个平台（见表4-9）。

表4-9 创新项目平台及创建要求

序号	创新项目平台	平台创建要求
1	机械设计和加工平台	供应机械与木工方面的设计、加工设备、工具和场地，支持学生进行科技实践活动和教师开展科研活动
2	电工电子设计和制作平台	供应电气与电子方面的设计、加工设备、工具和场地，支持学生进行科技实践活动和教师开展科研活动
3	人文实践活动平台	供应人文方面的设计、制作工具和设备，支持学生进行人文实践创新活动和教师开展社科研究

3. 线上线下联动的空间

雒亮、祝智庭认为创客空间是创客教育的主要学习环境，但现有的线下实体空间不足以支撑信息时代学生的学习要求，需要构建线上线下一体的创客空间体系。线上虚拟空间提供各种技术支持，线下实体空间负责项目实践[②]。湖南机电职业技术学院按照线上线下相结合的原则，建

[①] 程光旭. 工程坊：大学生实现创新梦想的平台[J]. 高等工程教育研究, 2011 (03).
[②] 雒亮, 祝智庭. 创客空间2.0：基于O2O构架的设计研究[J]. 开放教育研究, 2015 (04).

设了跨专业的创客空间。创客空间设置若干工坊,配备制作必备的激光切割、3D 打印、多功能车钻铣床、焊接等制作工具,每个工坊都能制作相应的产品或模型。创客工程坊、创客路演厅、创客孵化邦、创客咖啡吧、创客图书馆共同构成了创客空间。学校建设了线上的创客空间(见图 4-3),每个学生都有个人的创客学习空间,可以通过空间记载自己的创客学习经历。

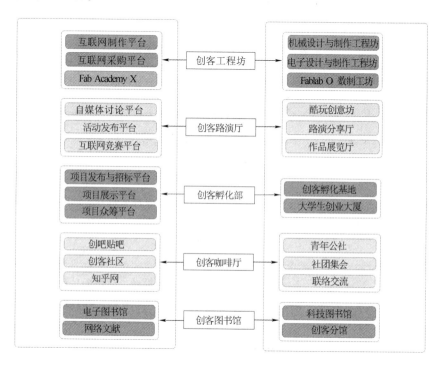

图 4-3 创客空间的构建模型

三、创客空间设备

四川省《中小学教育创客空间建设指南》(DB51/T 2592—2019)将中小学创客教育分为计算机设计、人工智能、创意制作、手工制作、影视制作、生活环保、地方特色等七个主题,每个主题提供了设备配置指南,较好地概括了中小学创客教育的需要,有很强的指导性。对高校而言,根据各个学校的专业不同,创客教育的项目与设备存在较大差异。

但创客空间应该包括交流设备、设计设备、制作设备等。交流设备包括白板、网络环境、图书资源以及激光投影仪等；设计设备包括 CAD、CAM、CAE 等数字化产品开发技术软件（SolidWorks、Pro/ENGINEER、Siemens NX、AutoCAD、CAXA、ANSYS、ADAMS 等）的计算机，以及支持网络化协同设计的基本设备；制作设备包括快速成型机、打印机、便携式微型数控机床、桌面 3D 打印机、幻影标准型三维光学扫描仪、产品测量工具和电子制作设备等。对一个工科制造类的学校来说，一个典型的创客空间，其基本配置如表 4-10 所示。

表 4-10 工科制造类创客空间常用工作分区及设备

序号	工作分区	空间需求	电力需求	主要功能及所需设备
1	计算机工作区	小	大	计算机、打印机、常用软件
2	电子工作区	小	小	电子零件及测试设备
3	制作区	大	大	开放式工作区、工作台
4	激光切割区	中	中	激光雕刻机、通风设备、切割材料
5	3D 打印区	小	小	3D 打印机、计算机、打印线材
6	机床加工区	大	大	各类机床、电动工具、机加材料
7	焊接区	大	大	焊接设备、焊接材料

第五节 创客文化

一、创客文化的内涵

文化是一个国家和民族的灵魂，是引领社会、凝聚人心、推动发展的精神动力和思想保证，既是民族凝聚力和创造力的重要源泉，也是综合国力竞争和经济社会发展的重要支撑。文化育人是文化发展的最高境界，创客教育要走向深入，最高的目标是建设一个健康向上的创客文化，用文化来潜移默化地培养一代代创客。

目前对创客文化没有一个明确的定义。Silver Lindtner 认为创客文化是在新环境当中产生的变种文化，是一种现代文化或者亚文化，它不仅和开放的网络科技和数据有关，也和实体的东西有关，例如硬件、传感器和网络设备，这些设备是数据与实体的桥梁。Fiacre O'Duinn 认为创客文化是通过动手创造的学习；是一种科技、艺术及公民科学的集合体；是结果和过程的共享①。创客们追求自由和开放，不希望有过多的制度制约，强调产品的内在价值。王丽平认为，创客文化是利用开源网络和开源硬件而构建出的分享和动手创造的文化氛围。

在创客文化的感召和影响下，大学生成为我国创客中最重要的新生力量，是最有探索精神、最具创造活力、最富创新潜能的青年群体。

所谓高职创客文化，主要是指以学校为平台，以培养学生创新创业素养为核心，引导学生在教学实践中形成、体现"自主学习、创新实践、快乐分享"的创客精神和理念的一种文化形态。高职创客文化本质上是一种创新文化②。

二、创客文化的结构

余英时教授在《从价值系统看中国文化的现代意义》中提出文化变迁有四个层次，分别是物质层次、制度层次、风俗习惯层次、思想与价值层次③。创客文化也是如此。按照由内到外的演变过程，创客文化可以分为理念文化、制度文化、环境文化和行为文化。

1. 理念文化

理念文化就是创客培养的理念或学校的办学理念。这些理念体现在学校的宗旨使命、目标愿景和核心价值以及校歌、校训、校风等要素中。

---

① 王丽平，李忠华. 高校创客文化的发展模式及培育路径 [J]. 江苏高教，2016 (01).
② 黄飞，柳礼泉. "双创"视域下高校创客文化及其培育路径研究 [J]. 江淮论坛，2017 (09).
③ 庞朴. 文化结构与近代中国 [J]. 中国社会科学，1986 (05).

理念文化最关键的是要明确学校的使命、发展愿景、育人目标，并在学校章程、规划或人才培养方案中体现出来。理念文化要坚持正确的文化建设方向，贯彻党的教育方针，落实社会主义精神文明建设要求和立德树人的根本任务；要将创客文化建设和人才培养有机融合，发挥文化治校和文化育人的功能。

2. 制度文化

要积极构建鼓励创新、激励创客的制度体系。从管理制度、运行机制、组织保障三个方面着力，将学校创客教育核心价值理念落实到具体的行动中。要有科学有效的监督机制，确保各项制度执行到位、运转高效。要有强有力的经费保障和执行力，让制度切实发挥效能。

3. 环境文化

学校的建筑、广场、路标、设施要体现学校的核心价值理念，学校标识系统要体现创客的要素和精神，学校的宣传栏、各种用品要体现学校的创客特色，学校的网站应体现创客教育的主旋律。

4. 行为文化

学生行为、教师行为、学校行为要体现学校的核心价值观。学校校风、师德师风、教风学风要体现创新、创造、创客。学校的社团要围绕创客来展开活动。学校的第二、三课堂要围绕培养有家国情怀的创客工匠来着力。

案例4-5：创客文化建设案例

湖南机电职业技术学院在45年的办学历程中，逐步形成了以立德树人为本，以"艰苦奋斗、创建卓越"为核心价值观，以"学校成功创业、教师成于创新、学生成为创客"为愿景的校园"创客文化"，其具体内涵如下：

1. 创客文化核心理念

在45年的办学实践中，学院以价值引领为导向，以融合创新为途径，将习近平新时代中国特色社会主义理论、中华优秀传统文化融入校园文化建设中，逐步形成了独具特色的机电"创客文化"。"创客文化"

是以立德树人为根本,以"艰苦奋斗、创建卓越"为核心价值,以服务智能制造为使命,以"学校成功创业、教师成于创新、学生成为创客"为愿景的校园"创客文化"(见图4-4)。

(1) 树立"立足长沙经开区,服务智能装备制造"的宗旨使命。学院立足长沙经济技术开发区,植根智能装备制造业,专业群设计与区域产业布局高度契合,形成产教融合的创客文化环境,培养具有"家国情怀、劳模精神、匠人技艺、创客本领"的新时代创客工匠。

(2) 确立"学校成功创业、教师成于创新、学生成为创客"的目标愿景。学院艰苦创业,力争建成"创客工匠培养高地、技术技能传承创新高地、创新创业孵化高地";教师勇于创新教学方式、技术工艺,成为学生培育的导师和创新师;学生努力成为新时代创客工匠。

(3) 建立"艰苦奋斗、创建卓越"的核心价值观。学院三次转型求发展的过程就是师生塑造艰苦奋斗精神的历程,学院确立了"明德崇技、自强不息"的校训,在发展过程中树立开拓创新精神,不断追求卓越,创造新的成就。

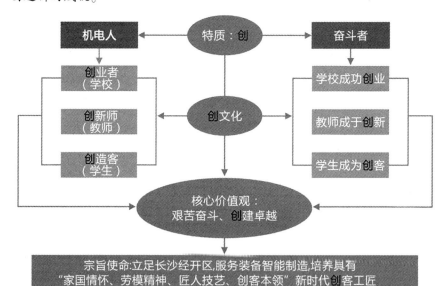

图4-4 "创客文化"理念体系结构图

2. 创客制度文化

(1) 建设"学校靠奋斗"的制度。将为学院发展而努力奋斗的教职工视为最宝贵的财富，在关注公平的同时，将资源聚焦到奋斗者群体上，在分配激励上实行多劳多得，向奋斗者倾斜的政策。完善各类专项奖励政策，年终考核排名在前30%的教职工基本岗位工资上浮10%；考核排名在前10%的教职工具有入选后备干部的资格，有突出贡献者可以破格晋升。通过"学校靠奋斗"的制度和文化建设，形成"想干事的有舞台，能干事的有机会，干成事的有待遇"的良好局面。

(2) 建立"教师能出去"的机制。对教师的创新活动给予大力支持，教师转让技术、提供服务产生的收益由教师全权支配。教师完成的技术服务项目，按到账经费对教师给予课时减免。对有创业意愿的教师，保留编制，发放创业补贴。设立200万创业基金，鼓励师生申报创业项目，对通过审批的项目，学院和创业教师实行股份制，双方按照风险共担、利益共享的机制，共同管理创业项目。制定职称评审"直通车"制度，获国家创新创业一等奖者可直接晋升为教授。

(3) 建立"学生会做事"制度。积极动员学生参与学院管理，鼓励学生创新创业，鼓励学生参加比赛，放手让学生做事，培养学生的主人翁思想和实际工作能力。根据学生的实际情况，安排学生参与食堂管理，学院环境卫生管理，图书馆等服务设施管理。成立学生教学督导团，建立学院重大决策学生听证机制、校园服务设施学生自主管理机制。建立学分制，对学生参与创新活动、竞赛给予奖励，赋予学分，可与课程学分替换。建立"创客勋章"制度，为获有国赛一等奖的学生授予创客勋章。

3. 创客环境文化

(1) 将创客文化融入美丽的校园景观中。围绕"创客文化"的核心理念，学院建设了"一、二、三、四、五"的创客育人硬件环境。建设了一座建筑面积为4万平方米的创客大厦，里面汇聚了近百个创客项目。建设了线上线下两个创客空间，为师生创客们提供了宽广的平台。建设了创意、创新、创业等三个广场，匠祖、匠心、匠才、匠坊等四个苑，创思、创意、创客、创造等四栋教学楼，形成了强烈的创文化视觉冲击感。鲁班路、李春路、蔡伦路、张衡路、毕昇路等五个校道深深烙下中国著名匠人的印记。设立了创客学院、创客教研室，开设了创客课程，把每间教室都建成创客工坊，把整个校园打造成创客校园。

（2）将创客文化融入美好的学习生活中。建设了记载学院发展故事的校史馆，编纂了《校史》《奋斗史·拓印》《机电创客》等创文化读本，编辑了《一景一文》《校歌故事征文》优秀作品集供师生品读，传承了"艰苦奋斗、创建卓越"的核心价值观。学院党委书记成立平作词的校歌《机电人，创客情》成为师生必唱歌曲。学院充分利用校报、学报、校刊、校园网、电视台、广播站、新媒体等，开辟"机电优秀创客教师""机电杰出创客青年""创客文化典故"等专栏，多元化"创文化"师生学习、生活熏陶格局初步形成。

4. 创客行为文化

（1）"创业四进"传承学院创业文化。一是创业精神进方案，学院各级工作方案中都将艰苦奋斗的创业精神作为指导思想摆在突出位置。二是创业精神进教材，"四易校名，三次跨越，两迁校址"的创业史写进了校本教材，弘扬了机电精神。三是创业精神进课堂，将"院长住工棚"等创业故事融入所有课程教学中，用身边的人和事感染师生。四是创业精神进社团，用"白手起家"的精神鼓励师生创新创业，共建师生成长平台。

（2）"创新四阶"推进教师创新文化。所有教师围绕"创教学、创课程、创项目、创平台"提升创新能力。一是创教学，通过"训创六步"熟悉教学内容，运用教学方法，形成教学风格。二是创课程，通过"超星尔雅"等平台建设课程资源，探索模块化教学，打造精品课程。三是创项目，通过"六个一工程"，寻找专业项目并合作开发，确定相对固定的研究方向。四是创平台，通过"专创融合"，积极争取重点实验室，创办企业，搭建技术创新平台。

（3）"创客四季"践行学生创客文化。一是创客入学季，每年在新生报到时开展为期一周的"机电创客节"，现场展示创意作品，开展社团活动，培养学生对创客的兴趣，形成对创客的感知。二是创客成长季，组织学生参加创客培训营、三下乡志愿服务、学院各岗位劳动、境外交流学习,培养学生服务社会的创客认知、创客意识和创客素养。三是创客实践季,在顶岗实习中,学院要求学生完成创新创业任务,参加各类创新创业大赛,使学生形成对创客的行知。四是创客毕业季,在毕业时,进行创客成果展,表彰优秀创客,颁发创客勋章。开展创客大讲堂,使学生形成对创客的悟知。创客行为文化如图4-5所示。

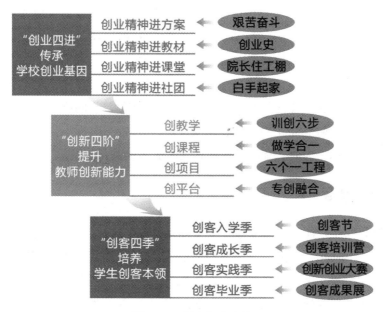

图4-5 创客行为文化

第六节 创客社团

社团是学生根据自己的兴趣爱好自愿组成的,为实现成员的共同意愿,按照其章程自主开展活动的群众性学生组织,是校园文化的重要载体,是第二课堂的重要组成部分。社团不仅给学生提供了一个锻炼的机会,而且对学生走向社会,了解社会建立了沟通联络的渠道,为高校学习、生活和工作提供服务平台①。

学生第二课堂活动意义重大。美国学者厄内斯特·博耶（Emest L. Boyer）在其著作《大学：美国大学生就读经验》中指出："大学生参加活动的质量影响大学教育的效果②。"

哈佛大学校长查尔斯·艾略特（Charles W. Eliot）曾经宣称，假如他有机会从头开始建立一所新的大学，那么他首先要造一栋学生宿舍，然后再造一座图书馆并装满各种图书。万一还有钱剩下的话，他才会想到去雇佣教授和建设教室。对大学生在大学期间思想及其他方面发展影响最大的不是学校，不是教授，而是他们的同学③。

第二课堂活动有一定的自主性，内容广泛、形式多样，是进行创客教育活动的重要载体。但常规的社团，由于没有教师的指导，其活动内容比较零散。遍地开花的社团，浪费了学生大量的时间，且没有达到创客培养的目标，为此，有必要对创客社团的活动进行规范。

一、创客社团内涵

高校学生社团有很多类别，主要分为理论学习型、学术科技型、兴趣爱好型、社会公益型四类，其内容丰富，包罗万象，涉及人的道德情感、知识素质、能力水平等多个方面④。创客社团是具有创造意愿、创业理想、创新精神的一批兴趣爱好相同的学生，在教师的指导下，利用创客空间，共同学习、共同创造，努力实现创意实践梦想的学生团体。与其他兴趣爱好类社团相比，创客社团主要承担以下功能。

1. 激发专业兴趣

兴趣是最好的老师，是学生坚持学习并且主动学习的原动力，没有兴趣的学习是无效率的。社团首先是因兴趣而建立的，有共同志向与追

---

① 刘国立，刘振川. 以就业为导向的高校学生社团建设研究 [J]. 才智. 2019（36）.
② 博耶. 大学：美国大学生的就读经验 [M]. 徐芃，李长兰，丁申桃，等译. 北京：北京师范大学出版社，1993.
③ 程星. 细读美国大学 [M]. 北京：商务出版社，2006.
④ 彭巧胤，张科. 高校学生社团活动课程化探析 [J]. 教育与职业，2014（06）.

求的学生聚集在一起,共同学习,共同研讨,可进一步强化专业兴趣。社团通过共同的学习与活动,解决大学生在学习过程中的困惑,走出专业学习的枯燥和困境,从而提高专业学习效率。参加社团活动的学生,可以借鉴社团里优秀学生的学习方法,提高专业学习的针对性。

2. 培养创新精神

辞海对创新一词有以下三层解释:第一是更新;第二是创造新的东西;第三是改变。从理论上讲,人人都可以创新,事事都能创新,因此,不论什么专业的人,从事什么工作,只要能创新性地工作,创新性地解决实际问题,能提出新观念,取得新成果,都是创新人才。

创客社团可以让学生选择自己喜欢的学习项目与导师,自由选择学习方法以及选择什么时候学,和谁一起学,这些举措可以让学生有选择权。研究证明,在自主选择的情况下,学生的创造力最强,学生的积极性最高。

组织的严密会使组织成员的思想、活动受到限制,对学生的想象力和创造力是极大的破坏,因而进取意识和创新能力会被削弱。学生社团组织结构松散、开放,保证了来自各学科、各院系的社团成员能自由的组织活动和学习交流内容,并且不受时间限制,是绝大多数学生自我发展、自我实现的平台。

3. 紧密师生关系

通过二十多年的发展,高职院校的在校生数量已占到了高校的半壁江山。但教育部发布的有关统计显示,高职院校师生比例由1999年的1:9.4急剧上升到2019年的1:18。师生比例的失衡,使教学班级越来越大,教师既要做教学,又要做科研,这使很多教师没法或没有精力来顾及学生[①]。教师上课即来,下课即走,师生的交往被局限在课堂内,出现了课堂上为师生,课堂外形如陌路人的局面。要改变这个现状,就必须建设师生成长共同体,建设创客社团,让师生有一个联系的平台与一条联系的纽带。

---

① 龙霞. 密切师生关系的制度设计:基于湖南机电职业技术学院的研究[J]. 吉林广播电视大学学报,2015(04).

二、创客社团建设机制

高职院校的创客社团建设，需要在坚持党的领导下，从领导、组织、管理、活动四个维度推进相关建设①。

1. 加强领导机制建设

习近平总书记在党的十九大报告中指出："党政军民学，东西南北中，党是领导一切的。"作为高校学生组织形式，创客社团在教育教学方面发挥着重要作用，但要实现社团的健康有序发展，就必须要始终坚持和加强党对社团的领导，积极贯彻落实党的立德树人教育方针，沿着中国特色社会主义发展方向建设创客社团。创客社团首先要明确发展方向，要保证为培育社会主义的建设者和接班人服务。

要建立创客社团的统筹领导机构并配备相应的组织力量，确保社团审批制度、问题反馈制度的完善。

2. 加强社团的组织建设

组织建设是创客社团建设的基础。构建结构完整、运行高效的社团组织体制机制是学生社团健康稳步发展的重要保障。加强创客社团组织建设，要针对当前社团组织建设出现的自治能力不强、创新意识薄弱等问题，在自治能力和创新意识等方面进行优化，从而打造具有较强自治能力和创新意识、明确发展方向的创客社团组织。

提升社团组织的自治能力，首先要选好社团的负责人。负责人要有奉献精神，有组织能力，有思路与管理方法。其次要加强社团凝聚力的建设，社团制订的计划要能落实到位。第三是社团要有较强的学习能力，能够吸收新的思想。

3. 加强社团的管理

强化创客社团管理建设，就是要建立科学完善的社团外部管理机制和运行高效的社团内部管理机制。社团外部管理侧重学校社团管理部门

---

① 邱玥. 高等学校大学生社团建设研究[D]. 沈阳：辽宁大学，2019.

对社团的指导、服务和监督以及营造社团管理所需要的外部环境，处理好学校社团与外部团体、跨校社团的关系；社团内部管理侧重社团内部运行机制的完善和优化。

构建完备的监督管理体系，要不断完善社团活动审批制度、负责人例会制度。推行监督管理创新模式，成立社团活动监管小组，强化社团内部监督和社团外部监督。完善社团财务监督制度，成立财务监督管理小组，对社团财务预算、财务支出项目进行全面细致的监督，保障社团经费使用的民主性、科学性和合理性。同时，要对社团重点活动项目开展跟踪式监督，保证社团活动方向正确，活动有序，效果显著。

4. 提升社团的活动质量

创客社团是学术性专业社团，要注重与专业的紧密联系，要通过创客社团提升自己所学专业的素养，有效地解决专业学习困境。在社会活动中，要注重与专业学习的联系，确保活动内容是专业教育的延伸和深化。在社团活动中，要着力培养创新精神和创业能力，通过活动的开展，全面提升活动参与者的水平。

案例 4-6　创客社团建设案例[①]

湖南机电职业技术学院设立智造创客学院，统筹管理全校的创客社团建设活动。要求每位教师至少指导一个社团，每个学生至少参与一个社团，通过社团加强师生之间的联系，构建学习共同体，通过教师的成长带动学生的进步。通过这种方式，创客社团在建设方面取得了一定进展。

1. 创新社团管理模式

学院创新社团管理模式，实施导师负责制。按照"师生共同成长"的理念建设创客社团。社团主要围绕技术创新和专业竞赛开展活动。社团导师协助社团进行有针对性的顶层设计，充分体现社团特色，发挥社团的引导作用，主要体现在以下几点。

---

① 李玉民，陈鹏，颜志勇. 机电类专业创客型工匠培养研究 [M]. 北京：北京理工大学出版社. 2018.

第一，课程引导，开展导师制活动。开设针对创客社团的导师制活动和选修课，各导师根据自身专业特长在创客社团开展系统的导师制活动，从学生入校开始就对学生的专业技能进行有目的、有计划、有组织的指导和训练，培养学生的创新意识、创新能力、创业能力，在导师制活动过程中，将技术技能训练与创新实践紧密结合。聘请科研能力突出的教师、创新创业大赛方面的指导教师、企业的技术骨干，定期参加创客社团的活动，为社团活动提供技术指导。

创客社团选修课不是以学科为中心，而是以学生发展为中心，以培养学生的自主探索、自主体验、自主创新、实践能力、人文素养和社会责任感为目标。

第二，创新社团活动，按照"师生共同成长"的理念建设创客社团。社团主要围绕技术创新和专业竞赛开展活动。图4-6为创客社团活动规划。创客社团活动主要以专业竞赛和技术创新为主干，同时定期开展头脑风暴会议、专家讲座、创意分享、创业沙龙等活动，帮助学生在获得专业知识的同时开阔视野，增强自信，提高人文素养。

组织学生参加校级竞赛、市级竞赛、省级竞赛、国家级竞赛，发挥创客社团的平台作用。形成从创客社团内部选拔优秀参赛学生的良性竞争机制，校级竞赛针对的是创客社团内部大部分学生，主要包括机电零器件知识竞赛、制图竞赛、家用电机产品设计、工业机电产品设计、机电类产品创意设计。从校级竞赛中选出比较优秀的团队和作品参加长沙市大学生科技创新创业大赛。对从长沙市大学生科技创新创业竞赛中脱颖而出的优秀团队和作品进行专业培训和创新创意指导，然后参加省级竞赛和国家级竞赛。

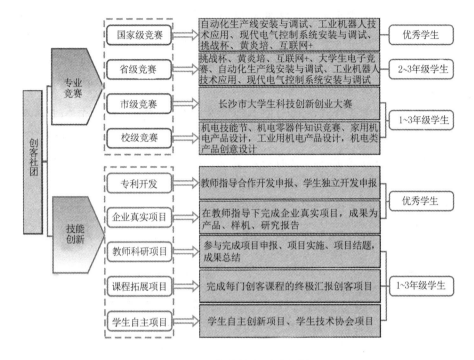

图 4-6　创客社团活动规划

在技术创新方面，学生通过参与学生自主项目、课程拓展项目、教师科研项目来提高技术创新水平，对在技术创新方面比较突出的优秀学生，学校会将其培养成高素质技能型尖端专门人才，由指导教师对其进行一对一的指导，完成一个企业真实项目并制作成品，完成项目结题报告并对项目中的专利进行撰写。

创客社团组织学生参加校级竞赛、市级竞赛、省级竞赛、国家级竞赛和参加学生自主项目、课程拓展项目、教师科研项目、企业真实项目、专利开发项目，形成了在通识教育基础上培养精英人才的人才培养模式。这既能培养大众化的创客，又能培养精英创客。

2. 创新社团活动模式

学院推进"1+5"工程，每名教师至少指导一个社团，每个学生至少参加一个社团，学生在校三年间，至少在社团中完成四项工作，优秀学生至少完成五项工作，图4-7为"1+5工程框架图"。

第一,制定学生个人生涯发展规划。学生进入大学后,正处于角色转换的关键时期,其人生观、价值观、职业观、社会观都发生了重大改变,在导师的指导下,学生根据兴趣和爱好参加至少一个学生社团,导师会鼓励学生参加各类社会实践活动、演讲活动、辩论活动等。同时,学生通过参加专业导论和优秀学长经验交流会等活动,制定个人生涯发展规划,重建正确的人生观、价值观、职业观和社会观。在导师帮助下,学生制订基本符合个人发展的知识学习、能力培养、实施方法方面的计划。通过个人生涯发展规划的制定,引导学生建立正确的世界观,掌握大学专业学习的方法,树立良好的学习态度,激发学生的积极性。

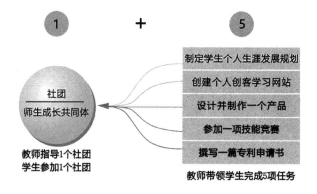

图4-7 "1+5"工程框架图

第二,创建个人创客学习网站。学生在进入专业基础课学习阶段后,导师要以培养学生的"导能"为目标,打牢学生的专业基础知识,并带领学生进入企业见习,帮助他们了解企业工作环境,产品生产流程,岗位技能,岗位设置。通过这些,学生可以全面了解本专业的内容。同时,要加强学生网站建设等技能知识的培训,学生通过企业见习找准自主创新项目,并通过所学的网站建设技能,创建个人创客学习网站。

第三,设计并制作一个产品。通过参与课程拓展项目和导师科研项目,学生可以了解科研过程以及专业知识、技术技能水平在科研中的重要性,进而努力学习专业知识,努力提高专业技能水平。以"制作中学"为学习方法,导师指导学生进行创新创业项目立项、项目建设、项目结题,根据学生知识和能力水平,让团队内的学生分别完成项目中子作品的制作。通过完整的作品制作，培养学生的设计能力和制作能力，潜移默化地提高了学生的创新能力。

第四，参加一项技能竞赛。依托学校竞赛、市级竞赛、省级竞赛和国家级竞赛这种专业竞赛平台，让学生在准备竞赛和竞赛过程中加深对专业知识的理解，专业综合能力提升，同时培养学生发现问题、分析问题和解决问题的能力以及团队协作能力和创新创业能力。在参加技能竞赛过程中，导师也能从中发掘具有专业特长、创新能力突出的学生，并对其进行进一步的培养，为其搭建更高级别的平台，提升其就业竞争力。

第五，撰写一篇专利申请书。对专业能力和创新能力突出的学生，专业导师根据其创新的方向和知识储备、特长引导其完成一项专利的申请，使其具备文字撰写、本专业综合技术应用和创新的能力。

第五章
创客教育生态系统的建设机制

推动创客教育是国家战略,需要社会、政府、学校、企业高度重视。创客教育生态要素的建设,需要政校企协同。教育生态系统的构建是一项系统工程,需要全社会的鼎力支持。

第一节 产教融合机制

2017年国务院办公厅出台了《关于深化产教融合的若干意见》(国办发〔2017〕95号),将产教融合视为国家战略。产教融合不仅仅是职业教育的要求,也是整个教育体系共同的指导思想。产教融合不仅需要学校参与,也需要企业、政府共同参与。文件明确提出"将产教融合作为促进经济社会协调发展的重要举措,融入经济转型升级各环节,贯穿人才开发全过程,形成政府企业学校行业社会协同推进的工作格局"。

推进创客教育不是一时之想,而是一个需要长期奋斗的目标。推进创客教育生态系统建设,仅靠学校一己之力很难实现,需要充分发挥企业、政府等主体的积极作用。

一、发挥政府的引导作用

政府在创客教育生态系统建设中扮演管理者、参与者和资金支持者等多重角色,是创客教育更好更快发展的强大推动力量。由政府出台政策,支持建设创客教育系统、构建创新资源的运行机制,是构建创客教育生态系统的重要措施①。

美国政府高度重视创客生态系统建设，把创客教育与 STEM 教育等同起来。如美国国家航空航天局将其建造卫星计划的服务范围扩大至 50 个州，并且将该计划延伸至中小学，使中小学有机会建造和发射自己的小型卫星。近年来，美国教育部对 21 世纪社区学习中心的创客教育活动给予技术指导。美国各中小学通过该计划，为更多学生开展创客教育活动提供了机会。此外，美国教育部也开展改造计划，为中小学建立创客空间提供帮助。

欧盟国家也积极支持创客教育。2000 年，芬兰教育部提出"创业先锋计划"并迅速得到国内高校的响应。芬兰许多高校都将创客教育视为学校核心课程和特定课程的重要组成部分，借助政府提供的财政支持不断优化创客学习环境。

英国高校则充分借助政府设立的高等教育创新基金、科学创业挑战基金、新创业奖学金等多种基金来资助校内师生开展创客教育活动，充分发挥了政府在推进大学生就业创客教育中的积极作用②。

中国近年来也在全力推动创客教育。2015 年 1 月 4 日，李克强总理考察了深圳柴火创客空间。2015 年 1 月 28 日，李克强总理主持召开国务院常务会议，确定支持发展众创空间的政策措施，为创业创新搭建新平台。2015 年 3 月 5 日，"创客"一词首次被写入政府工作报告。2015 年 3 月 11 日，国务院办公厅印发《关于发展众创空间推进大众创新创业的指导意见》，要求"加快构建众创空间，为广大创新创业者提供良好的工作空间、网络空间、社交空间和资源共享空间"。2015 年 9 月 23 日，国务院印发《关于加快构建大众创业万众创新支撑平台的指导意见》，要求各地区、各部门加大对众创、众包、众扶、众筹等创业创新活动的引导和支持力度，加强统筹协调，探索制度创新，完善政府服务，科学组织实施，鼓励先行先试，不断开创大众创业、万众创新的新局面。2015 年 12 月 16 日，国家主席习近平出席第二届世界互联网大会开幕式并发表主旨

---

① 陈静. 高校主导型创业教育生态系统构建研究 [D]. 长春：东北师范大学，2017.
② 杜在莹. 浅析政府在大学生创业教育培训中的作用 [J]. 山东纺织经济，2013 (11).

演讲。在演讲中，习近平主席首次提出"网络创客"一词。创客从最初的草根探索到当前政府的大力推进，创客已经开始与产业和大众相连接，创客运动已深入国家战略层面。

教育部出台《关于大力推进高等学校创新创业教育和大学生自主创业工作的意见》（教办〔2010〕3号），国务院办公厅发布《关于深化高等学校创新创业教育改革的实施意见》（国办发〔2015〕36号）等重要文件，并成立高校创新创业教育指导委员会，指导各高校开展创新创业教育理论研究与实践工作，逐步推动高校创新创业教育向科学化、制度化、规范化方向发展。此外，中央及地方各级政府积极发挥政府职能，通过税收优惠、资金支持、专家指导、创业能力培训、鼓励科技创业、非正规就业孵化器等途径促进大学生就业创业的发展。例如湖南、广州、北京、上海、浙江等20余个省市纷纷结合地区发展实际情况，出台大学生创业教育改革方案，支持健全和实施弹性学制，鼓励大学生延长学习年限或采取休学的形式去投入创业活动。这些举措极大地激发了大学生的就业创业热情，同时也为大学生创客活动提供了坚实的制度保障。

在中国，政府是最有力的资源分配者和政策制定者。要推进创客生态系统建设，高校一定要加强与政府相关部门的联系，充分把握建设创新型国家的战略机遇期，认真领会国家有关创新创业的政策意义，确保政策的各项措施落到实处，产生真正的正向激励作用。

二、充分发挥企业作用

产教融合、校企合作是职业教育的基本办学模式，是办好职业教育的关键所在[1]。企业也是职业教育的办学主体之一，需要强化企业在职业教育中的重要作用。政府鼓励通过购买服务、委托管理等，支持企业参与公办职业学校办学。允许企业以资本、技术、管理等要素依法参与办学并享有相应权利。鼓励企业深度参与学校教育教学改革，以多种方式参与学校专业规划、教材开发、教学设计、课程设置、实习实训，促

---

[1] 《职业学校校企合作促进办法》（教职成〔2018〕1号）．

使企业需求融入人才培养的环节中。推行面向企业真实生产环境的任务式培养模式。鼓励以引企驻校、引校进企、校企一体的方式，吸引优势企业与学校共建共享生产性实训基地。支持各地依托学校建设行业性或区域性实训基地，带动中小微企业参与校企合作。支持企业、学校、科研院所围绕产业关键技术、核心工艺和共性问题开展协同创新，加快基础研究成果向产业技术转化①。这些鼓励政策为企业明确了职责和努力方向。学校需要主动工作，积极对接，力争将企业引入创客教育过程。

1. 提供创客实践岗位

企业是社会经济生活的主体，也是创新的主要平台。只有企业可以给学生提供全面真实的创新实践岗位与机会。师生要到生产现场调研，了解社会需求，企业可以提供参观或社会调查的途径。企业还可以为师生提供真实的锻炼岗位，以帮助师生掌握实际的生产经验。企业可以提供一定的顶岗实习机会，帮助学生真实地进行生产。这些都是创客实践必不可少的环节。

2. 建设创客实训基地

企业可以在学校或本部建设生产性实训基地，提供教育所需的必要教学条件，添置可以真实生产的设备，在培训自身专业技能人员的同时，为区域内的创客提供共享服务。

3. 做好创客的指导

有经验与能力的导师在企业，企业作为创新创业者的集聚地，可以有效弥补高校教师在此方面的不足。因此，高校应加强校企合作联盟建设，完善现有的兼职导师聘用和激励机制，邀请企业管理者或专业技术人员担任学生的创客导师。导师通过开设精品创客课程、举办专题讲座或创客论坛、指导创客竞赛等形式为学生传授创客理论知识和实践经验，激发学生对创客的兴趣与热情，提升学生对创客的认知与了解。同时可以开展专、兼职教师之间的交流座谈会，或安排专职教师进入企业交流

---

① 《国务院办公厅关于深化产教融合的若干意见》（国办发〔2017〕95号）.

学习、实践进修，帮助专职教师积累创客实践经验，增强教师队伍的整体实力。

4.提供资金支持

企业通过设立项目，投入适当的经费，为创客师生提供项目与经费支持。企业可以将此类投入列为风险投资，建立项目台账，委派得力人员进行指导与孵化，充分发挥资金的作用。

第二节 联盟共享机制

系统整合校友、行业、研究机构的资源，建立校友会、学会等联盟，通过联盟建立创客发展共同体，通过共同研究、共同实践，推进创客教育向纵深发展。

一、建立校友联盟

校友与学校有着天然的感情联系，是学校的宝贵资源。他们走出校门后，逐渐积累了工作经验。校友中有创业成功的企业家，有在岗位上创新的技术尖兵，有勤勤恳恳的劳动模范，这些都是创客教育的宝藏。

高校在开展创业教育活动过程中，可以充分利用校友会已有的人脉资源优势，为创客的成长拓宽渠道，实现校外资源和创客实践的有机结合。

1.建立校友讲坛

定期请校友到学校给师生做报告，介绍他们的创客经历，分享他们的创客路径、技术创新的思路，为师生拨开迷雾，从而在全校范围内营造良好的创客文化氛围。

2.建立校友基金

高校也可以积极争取校友捐赠，建立校友基金，鼓励校友投资或设立创业奖学金等，为大学生创业提供资金支持。

3. 建立校友导师团

聘请创业成功的校友担任兼职创业导师，在培训创业技能、设计创业项目、参与创业竞赛等方面为大学生进行指导。

4. 建立校友日制度

将每年的固定一天设为校友回校日，组织在校学生与校友互动，增强校友的凝聚力。

二、建立创客培养联盟

建设有中职、高职、本科、研究院所、企业参加的创客培养联盟，围绕创客培养这一中心任务进行研究与实践。参加各方利用这个平台，共享经验、共享信息、共享资源、相互学习、相互帮助、相互带动，真诚交流合作，实现共同发展。聚焦创客教育和创客理念改造教育等核心专题开展研究，尽快形成一批研究成果，对高职院校创客教育起到引领和指导作用。创客培养联盟要为高职院校创客教育发展服务，要为师生共同成长服务，要为创新型人才培养服务。

1. 创建创客教育研究高台

每年提出一批研究课题，组织院校协同研究，推出有高职特色的创客教育研究项目。定期组织院校创客教育论文的交流与评比，取长补短，共同推进创客教育研究。

2. 提供创客教育交流讲台

举办创客文化节，举办主题论坛、创客大赛和创客节等一系列活动，吸引师生参与创客活动，激发学生参与热情。定期举办学会年度交流会和学术年会，为师生提供创客教育经验交流的机会。组织联盟单位开展创客科普活动，使创客活动走进生活。开展创客进社区活动，进行交流分享、产品展示和创意实践。鼓励校企举办创客成果展、创客项目路演和创客跳蚤市场等形式多样的公益活动，推动创客与投资人对接，发掘优秀的创客人才和创新创业项目，促进优秀创意的成果转化。

3.打造创客人才成长舞台

鼓励资深创客、知名创客,以及有丰富经验的企业家和技术专家担任志愿创客导师,为创客提供创新指导和创业辅导,以形成创客、创业导师、企业家以及技术专家的互动机制。建立创客人才联盟,将有志于创客教育的师生紧密联系起来,共同学习,共同研讨,共同创造。

4.搭建创客教育服务平台

推动开源软硬件研发,提供种类丰富、功能强大的模块化开发工具、开发设备,使创客能根据创意设计简单快速地开发出产品原型。推动高职院校、科研院所、高新技术企业开放大型科学仪器,促进仪器设备、科学文献和科学数据等科技资源的共享。鼓励委员单位开放服务器资源,为创客提供软件、云计算及云存储支持。建设联盟会员微信公众号,及时发布相关信息。

创客培养联盟以"引导产业发展、推动技术创新"为宗旨,坚持面向市场、平等自愿、风险共担、利益共享的原则,构建官产学结合的技术创新体系。

高校在开展创业教育过程中,应积极联系与大学生就业创业教育相关的行业联盟组织,组建有相关行业联盟参与的就业创业咨询委员会,充分发挥行业联盟在创业项目中资金技术、设计开发、团队组建、评估优化、孵化生产等环节的专业优势。组织举办各类创业项目对接洽谈会,对优秀的大学生创业项目给予重点扶持与投资,帮助大学生实现项目与投资的成功对接。

第三节 内部整合机制

学校作为创客教育资源的聚集地,在开展创客教育的过程中居于主导地位。但是,我国现有的创客教育总体规划仍不完善,学校管理者的资源整合意识还有待提高,创客教育资源常常出现闲置、分散或低效使用的现象,导致学校内部创客教育资源难以集中到创客教育体系中,难以发挥其应有的功效和作用,更难以产生强大的合力。

一、成立内部统筹推进机构

中国最有特色,也最有效果的管理制度是党委领导下的校长负责制。校长是学校行政管理、教育教学、科学研究等工作的第一责任人。2015年国务院办公厅发布的《关于深化高等学校创新创业教育改革的实施意见》(国办发〔2015〕36号)指出,在开展大学生创新创业教育的过程中,各高校必须严格明确责任归属,落实责任主体,成立以校长为负责人的创业教育工作领导小组。领导小组要由分管创客教育的副校长担任副组长,教务处、学生处、校团委、各教学部门成员作为领导小组的核心成员。领导小组要统筹校内资源,协同开展创业教育教学实践活动,建立上下联动,多位一体的创业教育管理机构,全面负责高校创业教育的研究、规划、指导和服务,最终推动创客教育改革与完善[①]。

创客教育的领导管理机构,应该设置独立的二级管理部门,直属于创客教育领导小组,各二级学院要配备相应的教研室,形成上下沟通呼应的领导体制,全面负责创客教育实施的具体工作。

二、促进专业教育与创客活动的有机融合

建设创客教育生态系统,需要将专业教育与创客教育有机融合,在专业教育的过程中贯彻创客素质的培养。高校要积极开发优质的创客项目,构建竞赛体系,让创客培养有抓手。

1. 积极开发优质的创客项目

创业项目是创客教育的基础,积极开发优质的创客项目是培育创客能力,增强创客教育工作实效的重要途径。因此,高校应充分认识创客项目在创客教育中的重要作用,始终坚持以创客项目为根基,让创客项目成为连接校园与社会,融合教学与实践,优化学生参与创客教育活动

---

① 陈静. 高校主导型创业教育生态系统构建研究 [D]. 长春:东北师范大学,2017.

的实践载体，使学生创客教育实践逐步由模拟走向真实，丰富学生参与创业活动的实践经验，从而提高大学生的创客素质与能力。

2.构建竞赛体系

创客竞赛诞生于20世纪80年代的美国高校，并在短时间内风靡全球高校。创客竞赛是激发学生创客热情的有力武器，是检验学生创客水平的重要方法。创客竞赛在创客教育实践环节中可以短时间吸引师生的关注与参与，能有效吸收高质量的科研成果、大量的资金以及专业服务等校内外资源，可以在短期内创造良好的创客氛围。

此外，各类创业竞赛活动还促成了若干创客成果的产生，直接对经济社会发展产生积极作用，同时也进一步从实践层面提升了学生的创客能力，推动了创客教育实践的发展进程。

在举办创客竞赛活动时，首要任务就是从顶层设计出发，找准创客竞赛活动的定位。要将创客竞赛作为创客教育的重要组成部分，融入教学实践，构建班级—院级—校级—省级—国家级逐步递进的竞赛体系。要完善竞赛的类别，既要有学科竞赛，也要有创业竞赛，更要有创新竞赛，从而形成一个内容完整的竞赛体系。在推进创客竞赛的过程中，不断梳理学生活动的脉络及特点，深化教学内容和课程体系改革，以创客竞赛促进创客教育，以创客教育带动竞赛热潮，真正实现创客教育与专业教育两大教学活动在实践领域的有机结合，切实提高学生的理论知识水平、创客认知程度和团队合作能力。

第四节　创客评价机制

创客教育评价在本质上是对创客教育发展情况所做的一种价值判断。其具体工作主要是围绕创客教育目标的设置、创客教育任务的实现程度及水平来展开的。建立创客教育评价机制是对创客教育宏观运行、微观运作的信息反馈与纠正，是创客教育推进过程中不容忽视的一环，也是改进和完善高校创客教育工作的有力抓手。

科学的评价是高职院校管理者和教师对创客教育进行检查、反思、总结的关键手段，同时也是教育行政部门对创客教育进行有效管理和指导的重要方式。对创客教育的现实情况进行客观评价，一方面有助于进一步摸清我国现阶段创客教育的整体状况，把握高校创客教育的发展方向，从而为教育主管部门制定创客教育的相关政策提供宝贵的参考意见和建议；另一方面也有利于高校发现创客教育开展过程中存在的薄弱环节，以评促建，查漏补缺，针对问题及时进行深入的研究探讨并加以改进和完善，从而提高大学生就业创业教育质量，推动创客教育的发展。

一、建立创客教育推进评价体系

通过参考国内外成功的创客教育经验，引进社会、企业、政府、媒体等多方主体，对高校创客教育推进情况进行评价。评价指标应包括课程、教师、实践平台、专项资金、硬件设施、创客教育机制等方面。

在评价过程中要深入结合目前创客教育存在的问题及特点，确立相应的解决方案，综合运用同行评议法、德尔菲法、标杆分析法、调查研究法、多指标综合评价法等多种评价方法，对创客教育进行全方位、专业化、系统化的评价，增强创客教育评价机制的科学性、可靠性。

在创客教育评价过程中，应对评价结果进行客观的督查和分析，充分尊重处于评价指标体系中各方主体的意见，防止因评价指标失调、信息收集不当、评价人员主观错误等而造成的评价结果争议，进而影响评价结果的真实性和客观性。

二、建立调动学生积极性的创客学业评价体系

调动学生学习积极性是做好创客教育的重要因素。首先要教会学生如何选择，例如如何选择社团、项目和喜欢的老师。学生有了自主权后，就会珍惜学习机会，这样，学生才有可能学会知识。其次，要将社会实践、竞赛、科技创新等活动纳入评价体系，学生付出了代价并取得了相应的成绩就可以折算成学分。这些措施可以带动学生创客学习的热情。第三是创客教育的学习过程要有合理的评价方式。学生既要学会产品的设计、制作过程，还要具有交流汇报的能力。在评价指标上，要注重学

习是否发生,而不仅仅是产品制作是否完成①(见表5-1)。

表5-1 创客学习过程的评价指标

一级指标	二级指标	三级指标	具体内涵
实体作品	结构功能	完整性	作品的结构完整,符合方案预期结果
		先进性	作品能够发挥其功能,使用效果好
	创新水平	设计理念	作品的设计理念新颖,独到,能够体现环保、节能、高效等多角度设计理念
		技术运用	作品的设计原理体现多门学科知识
		外观设计	作品外观设计新颖、独特,可观赏性强
成果汇报	语言表达	条理性	汇报逻辑性强,条理清晰,能用数据说明问题
		感染力	表达清晰准确,声音洪亮,能吸引观众的注意力
	方案内容	完整性	方案内容齐全,结构完整,符合验收要求。
		可行性	方案内容思路清晰,逻辑合理,原理应用无科学性错误

---

① 张雨婷. 创客教育教学评价指标体系研究:以初中阶段为例[D]. 杭州:杭州师范大学,2019.

参考文献

[1] 清华大学创客教育实验室,《中国创客教育蓝皮书2015》,2015.
[2] 安德森. 创客:新工业革命[M]. 北京:中信出版社,2012.
[3] 哈奇. 创客运动[M]. 杨宁,译. 北京:机械工业出版社,2014.
[4] 方明. 陶行知教育名篇[M]. 北京:教育科学出版社,2005.
[5] 刘宗寅,素荃田. 全息教学论原理[M]. 济南:山东大学出版社,2008.
[6] 王占仁. 中国创新创业教育史[M]. 北京:社会科学文献出版社,2016.
[7] 顾明远. 教育大辞典[M]. 上海:上海教育出版社,1998.
[8] 程星. 细读美国大学[M]. 北京:商务出版社,2007.
[9] 姚本先. 大学生心理健康教育[M]. 合肥:安徽大学出版社,2012.
[10] 马健生. 创新与创业:21世纪教育的新常态[M]. 济南:山东教育出版社,2015.
[11] 博耶. 大学:美国大学生的就读经验[M]. 徐芃,李长兰,丁申桃,等译. 北京:北京师范大学出版社,1993.
[12] 赵志群. 职业教育与培训:学习新概念[M]. 北京:科学出版社,2003.
[13] 徐国庆. 职业教育项目课程开发指南[M]. 上海:华东师范大学出版社,2009.
[14] 戴士弘. 职教院校整体教改[M]. 北京:清华大学出版

社，2012．

[15] 徐国庆．职业教育课程、教学与教师［M］．上海：上海教育出版社，2016．

[16] 赵志群．职业教育工学结合一体化课程开发指南［M］．北京：清华大学出版社，2009．

[17] 李玉民，徐鹏，颜志勇．机电类专业创客型工匠培养研究［M］．北京：北京理工大学出版，2018．

[18] 黄兆信，赵国靖，洪玉管．高校创客教育发展模式探析［J］．高等工程教育研究，2015（04）．

[19] 裘文意．从教育生态学若干基本原理谈学生管理工作思路［J］．中国职业技术教育，2006（26）．

[20] 李晓霞，牟海晶．教育生态学视阈下高校双专业复合型人才培养研究［J］．日语教育与日本学研，2019（00）．

[21] 杨现民，李冀红．创客教育的价值潜能及其争议［J］．现代远程教育研究，2015（02）．

[22] 祝智庭，孙妍妍．创客教育：信息技术使能的创新教育实践场［J］．中国电化教育，2015（01）．

[23] 吴向东．创客教育：从知识传承到知识创造［J］．中小学信息技术教育，2015（07）．

[24] 郑燕林，李卢一．技术支持的基于创造的学习：美国中小学创客教育的内涵、特征与实施路径［J］．开放教育研究，2014（06）．

[25] 许涛，刘涛，杨新，等．校园创客教育生态系统的要素及构建研究［J］．远程教育杂志，2016（05）．

[26] 王佑镁，钱凯丽，华佳钰，等．触摸真实的学习：迈向一种新的创客教育文化：国内外创客教育研究述评［J］．电化教学研究，2017（02）．

[27] 王佑镁．发现创客：新工业革命视野下的教育新生态［J］．开放教育研究，2015（05）．

[28] 石中英．关于中国学生发展核心素养的哲学思考［J］．课程·

教材·教法，2018（09）．

[29] 孟鸿伟．OECD 学习框架 2030［J］．开放学习研究，2018（06）．

[30] 师曼，刘晟，刘霞，等．21 世纪核心素养的框架及要素研究［J］．华东师范大学学报（教育科学版），2016（03）．

[31] 臧玲玲．构建新的学习生态系统：OECD 学习框架 2030 述评与反思［J］．比较教育研究，2020（01）．

[32] 裴新宁，刘新阳．为 21 世纪重建教育：欧盟"核心素养"框架的确立［J］．全球教育展望，2013（12）．

[33] 常飒飒，王占仁．欧盟核心素养发展的新动向及动因：基于对《欧盟终身学习核心素养建议框架2018》的解读［J］．比较教育研究，2019（08）．

[34] 孙妍妍，祝智庭．以深度学习培养 21 世纪技能：美国《为了生活和工作的学习：在 21 世纪发展可迁移的知识与技能》的启示［J］．现代远程教育研究，2018（03）．

[35] 林崇德．中国学生核心素养研究［J］．心理与行为研究，2017（02）．

[36] 乔为．技术技能：技术的技能还是技术与技能．职业技术教育，2016（04）．

[37] 王玲．高技能人才与技术技能型人才的区别及培养定位［J］．职业技术教育，2013（10）．

[38] 吴红耘，皮连生．心理学中的能力、知识和技能概念的演变及其教学含义［J］．课程·教材·教法，2011（11）．

[39] 徐国庆．职业教育课程研究的技术学范式［J］．中国职业技术教育，2006（01）．

[40] 刘文，张以哲．劳模精神培育与价值引领："劳模精神、劳动精神、工匠精神：价值引领与思想政治教育学术研讨会"综述［J］．思想理论教育，2017（05）．

[41] 张倩．"家国情怀"的逻辑基础与价值内涵［J］．人文杂志，2017（06）．

［42］王辉，李宝军．论匠人精神［J］．山东青年政治学院学报，2018（01）．

［43］陈鹏．"创客工程教育"的概念内涵及其价值理念［J］．现代远程教育研究，2019（03）．

［44］郑刚，郭艳婷．世界一流大学如何打造创业教育生态系统：斯坦福大学的经验与启示［J］．比较教育研究，2014（09）．

［45］熊华军，岳芩．斯坦福大学创业教育的内涵及启示［J］．比较教育研究，2011（11）．

［46］张晓玮．美国高校职业生涯教育理念及实践：以斯坦福大学为例［J］．高等职业教育（天津职业大学学报），2019（05）．

［47］张昊民，张艳，马君．麻省理工学院创业教育生态系统成功要素及其启示［J］．创新与创业教育，2012（02）．

［48］李法勇，真溱，汤珊红．迭代思维在知识服务产品化中的运用［J］．情报理论与实践，2014（07）．

［49］刘林青，施冠群，陈晓霞．麻省理工学院的创业生态系统探析［J］．比较教育研究，2009（07）．

［50］夏人青，罗志敏．论高校人才培养框架下的创业教育目标：兼论高校创业教育课程的设置［J］．复旦教育论坛，2010（06）．

［51］马永斌，柏喆．创新创业教育课程生态系统的构建途径：基于清华大学创业教育的案例分析［J］．高等工程教育研究，2016（05）．

［52］董晓光，李成龙．美国高校创业教育生态系统建设的经验与启示［J］．思想理论教育，2018（02）．

［53］苏春林．能力本位课程的要素及实施途径［J］．北京教育（高教），2017（05）．

［54］黄福涛．能力本位教育的历史与比较研究：理念、制度与课程［J］．中国高教研究，2012（01）．

［55］董生忠．高职院校师资队伍的现状与培养方案［J］．辽宁教育行政学院学报，2007（06）．

[56] 孙翠香. 职业教育教师专业标准的内涵及内容架构 [J]. 中国职业技术教育, 2013 (03).

[57] 朱旭东. 论我国教师教育体系的重建 [J]. 教师教育研究. 2009 (06).

[58] 颜志勇. 基于工作过程的机械设计基础课程教学设计 [J]. 中小企业管理与科技（上旬刊）, 2015 (04).

[59] 颜志勇. 基于"制作中学习"教学模式的《机械设计基础》课程改革研究与实践 [J]. 考试周刊, 2016 (04).

[60] 刘小丹, 胡小红. 创客空间支持下的学习模式研究 [J]. 中国电化教育, 2016 (05).

[61] 王佑镁, 陈赞安. 从创新到创业：美国高校创客空间建设模式及启示 [J]. 中国电化教育, 2016) (08).

[62] 杨现民. 建设创客课程："创课"的内涵、特征及设计框架 [J]. 远程教育杂志, 2016, 35 (03).

[63] 张育广. 高校众创空间的运行机制及建设策略：以广东工业大学国家级创客空间为例 [J]. 科技管理研究, 2017 (13).

[64] 程旭光. 工程坊：大学生实现创新梦想的平台 [J]. 高等工程教育研究, 2015 (04).

[65] 雏亮, 祝智庭. 创客空间2.0：基于O2O构架的设计研究 [J]. 开放教育研究, 2015 (04).

[66] 王丽平, 李忠华. 高校创客文化的发展模式及培育路径 [J]. 江苏高教, 2016 (01).

[67] 黄飞, 柳礼泉. "双创"视域下高校创客文化及其培育路径研究 [J]. 江淮论坛, 2017 (09).

[68] 庞朴. 文化结构与近代中国 [J]. 中国社会科学, 1986 (05).

[69] 刘国立, 刘振川. 以就业为导向的高校学生社团建设研究 [J]. 才智, 2019 (36).

[70] 彭巧胤, 张科. 高校学生社团活动课程化探析 [J]. 教育与职业, 2014 (06).

[71] 龙霞. 密切师生关系的制度设计：基于湖南机电职业技术学院的研究 [J]. 吉林广播电视大学学报, 2015 (04).

[72] 邱玥. 高等学校大学生社团建设研究 [D]. 沈阳：辽宁大学, 2019.

[73] 杜在莹. 浅析政府在大学生创业教育培训中的作用 [J]. 山东纺织经济, 2013 (11).

[74] 张雨婷. 创客教育教学评价指标体系研究：以初中阶段为例 [D]. 杭州：杭州师范大学, 2019.

[75] 李培凤. 基于三螺旋创新理论的大学发展模式变革研究 [D]. 太原：山西大学, 2015.

[76] 庄涛. 资源整合视角下官产学研三螺旋关系 [M]. 北京：中国社会科学出版社, 2015.

[77] 王鹏. 高校创业教育生态系统构建研究 [D]. 哈尔滨：哈尔滨师范大学, 2019.

[78] 陈静. 高校主导型创业教育生态系统构建研究 [D]. 长春：东北师范大学, 2017.

[79] 成希. 研究型大学创新创业教育生态系统构建研究 [D]. 长沙：湖南师范大学, 2018.

[80] 王海亮. 当代中国劳模精神研究 [D]. 哈尔滨：哈尔滨理工大学, 2019.

[81] 向兰. 高中历史课堂"家国情怀"素养培育研究 [D]. 扬州：扬州大学, 2019.

[82] 闫莉. 大学生工匠精神培育研究 [D]. 锦州：渤海大学, 2019.

[83] 钟小彬. 美国斯坦福大学创业教育研究 [D]. 广州：华南理工大学, 2013.

[84] 贾金凤. 生态文明视域下高等职业教育人才培养目标研究 [D]. 天津：天津大学, 2014.

[85] 严霄云. 符应理论视角：职业教育与中国新产业工人的生产 [D]. 上海：上海大学, 2013.

[86] 裴炳. 浅析山西大学创客空间概念设计 [D]. 太原：山西大学，2017.

[87] 陈琴. 美国高校创客空间的构成要素与运行机制研究 [D]. 重庆：西南大学，2019.

[88] 宋梦梦. 我国高校创业教育生态系统发展现状的多案例研究 [D]. 天津：天津职业师范大学，2017.

[89] 刘峰. 中国高校创业教育发展现状与趋势研究 [D]. 长春：东北师范大学，2016.

[90] 卓泽林，赵中建. 高水平大学创新创业教育生态系统建设及启示 [J]. 教育发展研究，2016 (02).

[91] 徐文秀. 多一些"家国情怀". 人民日报人民论坛，2012-01-20.

[92] 林莉君. 约吗？去全球最大的校园创客空间：清华大学 i.Center 助力学生梦想变成现实 [N]. 科技日报，2015-10-27.

[93] MOURSHED M, CHIJIOKE C, BARBER M. How the world's most improved school systems keep getting better. [J]. AASL Hotlinks, 2010 (09).

[94] CHARLES EESLEY, WILLIAM F. MILLER. Stanford University's Economic Impact via Innovation and Entrepreneurship [R]. Stanford University, 2012.

[95] ANLI PZ Cooke M., Culpepper, M. L, etal. The Value of Campus Collaboration for Higher Education MPHamakerspaces [R]. ISAM Conference, 2016.

[96] DOUGHERTY. Makerspaces in Education and DARPA [EB/OL]. http://makezine.com/2012/04/04/makerspaces-in-education-and-darpa/2014-12-20.

[97] 张新平. 陶行知学校管理艺术：要有好的学校先要有好的教师 [N/OL]. 中国教育报，2007-04-03.

[98] 康丽. 更多的人开始意识到教师的重要性 [N]. 中国教师报，2019-04-10.

［99］《职业学校校企合作促进办法》(教职成〔2018〕1 号)

［100］《国务院办公厅关于深化产教融合的若干意见》(国办发〔2017〕95 号)

［101］https：//bbs. qzzn. com/forum. php？ mod = viewthread&tid = 15260534

［102］DOUGHERTY D. We are makers［EB/OL］.［2016 - 12 - 25］. http：//www. ted. com/speakers /dale_ Dougherty.

［103］习近平在知识分子、劳动模范、青年代表座谈会上的讲话［N］. 人民日报, 2016 - 04 - 30.